# Das phantastische Erbe der Moche, Chimú und Inkas

*Großes Foto: Die beste Aussicht auf Cuzco bietet der Blick von Sacsayhuamán. Kleines Foto: Indio-Junge mit Lama bei den Chullpas von Sillustani.*

*»Es ist an der Zeit, zur Feder zu greifen und die Welt all das wissen zu lassen, was es über Peru zu berichten gibt«, schrieb 1558 der spanische Chronist Pedro Cieza de León an seinen König Philipp II. von Spanien. Die Pracht der Inkas, die Kulturen der Moche und Chimú und vieler anderer Indio-Völker sind zwar versunken, doch Überreste dieser alten Reiche sind noch heute zu bestaunen. Eingebettet sind diese Kulturdenkmäler in eine phantastische Hochgebirgs- und Wüstenlandschaft.*

Peru ist landschaftlich ein Staat der Superlative, denn es bietet mit dem Titicacasee den höchstgelegenen schiffbaren See der Welt, mit dem Amazonas den größten Strom und besitzt mit dem Colca-Cañon die tiefste Schlucht der Welt in bis zu 6400 Meter hohen Vulkanmassiven. Vom Flugzeug aus läßt sich diese Vielfalt gut erkennen. Gleich hinter Lima an der Pazifikküste beginnt eine große Trockenlandschaft, in deren Einöde sich vereinzelt grüne Farbtupfer finden. An den kahlen Gebirgshängen zeigen sich die roten Gesteinsformationen mit tiefen Cañons, über denen sich Reste von Nebelschwaden entlangziehen.

## Land der Wüsten, Urwälder, Cañons und schneebedeckten Gipfel

Dann hüpft die Maschine über die ersten Ausläufer der Kordilleren, deren Gipfel von spärlicher Vegetation überzogen sind. Die Talsenken zwischen diesen Hügeln werden immer enger und steiler. Aus der Wolkendecke wachsen gewaltige Hochgebirgslandschaften mit Geröllsockeln und Schneehängen hervor. Unter dem Flugzeug lassen sich wilde Schluchten erkennen, in der Sonne funkeln Bäche und Flüsse, dazwischen schimmern grün Oasen. Voran liegen jene Gipfel und Massive, die die Anden zum höchsten Tropengebirge der Welt machen.

Später ziehen Nebelschwaden am Kabinenfenster vorbei und behindern den Blick nach unten. Dann erzittern die Flügel des Flugzeuges unter dem Ansturm der Wolkenmassen, die aus dem Amazonasgebiet aufsteigen. Der Jet stößt hinab in die feuchte Dschungellandschaft, zerschneidet graue Wolkengebilde, überfliegt grünwuchernde Teppiche. Tief unten winden sich lehmige Flüsse, von Baumriesen gesäumt. Peru endet im tropisch-heißen Waldland.

Überall in diesem Land, vor allem aber an der Küste und in den Bergen, künden zahlreiche Stätten hochentwickelter indianischer Kulturvölker sowie Bauwerke aus der spanischen Kolonialzeit vom kulturellen Reichtum des Landes. Bereits der Chronist Pedro Cieza de León berichtete 1558 an seinen König Philipp II. von Spanien voller Begeisterung: »Es ist an der Zeit, zur Feder zu greifen und die Welt all das wissen zu lassen, was es über Peru zu berichten gibt.«

Blick auf die Befestigungsanlagen von Sacsayhuamán bei Cuzco

Inti-Raymi-Fest auf der Plaza de Armas in Cuzco

Avenida Nicolás de Piérola in Lima

**Peru ist ein spanisch geprägtes Land, besonders in den Großstädten Lima, Trujillo und Arequipa. Doch in einigen Regionen, wie um die alte Inka-Hauptstadt Cuzco und am Titicacasee, hat es seinen unverwechselbaren indianischen Charakter bewahrt.**

Schuhputzer in Limas Vorzeigeviertel Miraflores

# Peru

Rainer Waterkamp (Text) · Miquel González (Fotos)

EL PERU

Kathedrale an der Plaza de Armas in Arequipa

Arequipa: Portal der Jesuitenkirche La Compañía

Mehr als die Hälfte aller Peruaner sind Nachfahren der indianischen Urbevölkerung. Die meisten von ihnen leben im Hochland, das seinen indianischen Charakter bis heute bewahrt hat. Dort sprechen die Menschen Ketschua, die Sprache der Inkas, oder Aymará, das in der Gegend um den Titicacasee gebräuchlich ist. Im Tiefland des Amazonas-Gebietes leben noch etwa eine Viertelmillion Indianer unterschiedlicher ethnischer Herkunft. Dazu kommen die Mestizen, die Mischlinge aus Weißen und Indianern, die ein Drittel der Gesamtbevölkerung ausmachen. Einen ähnlich hohen Anteil an Indígenas, wie die Indios politisch korrekt neuerdings häufig genannt werden, hat in Südamerika nur noch Bolivien aufzuweisen.

Doch der Lebensstil an der Pazifikküste und in den großen Städten wie Lima, Arequipa und Trujillo ist unverkennbar spanisch geprägt. An der unwirtlichen Küste leben inzwischen über 70 Prozent aller Peruaner, allein im Großraum Lima ballt sich etwa ein Drittel der Gesamtbevölkerung. Die Kreolen, wie die in Peru geborenen Nachfolger der spanischen Einwohner genannt werden, haben die Sitten und Gebräuche ihrer Ahnen weitgehend beibehalten.

## Kirche und Nachfahren der Spanier haben an Einfluß verloren

Doch ist der politisch-gesellschaftliche Einfluß der alten peruanischen Oberschicht, überwiegend Weiße spanischer Herkunft, erheblich zurückgegangen. Die Wahl von Alberto Fujimori, dem Sohn eines japanischen Einwanderers, 1990 zum Regierungschef des Landes deutet den Wandel in Politik und Gesellschaft an. Auch die katholische Kirche, mit ihren konservativen Bischöfen und Gefolgsleuten viele Jahre treue Verteidigerin der

Valle Sagrado de los Incas

bestehenden Herrschaftsordnung, hat ihre Macht nicht nur mit den mächtigen Militärs teilen müssen, sondern ist auch in sich gespalten: Die in Südamerika entstandene »Theologie der Befreiung« sucht eine Antwort auf Armut und Unterdrückung speziell der indianischen Bevölkerung. Immer weniger junge Männer wollen Priester werden, die zahlreichen Ordensklöster stehen fast leer. Andererseits strömen zu den christlichen Feiertagen und den zahlreichen Heiligenfesten im Land viele Tausende von Menschen in Prozessionen durch die Straßen. Da sich allerdings christliche Vorstellungen mit alten Bräuchen oft untrennbar vermischen, ist eine klare Trennung der Glaubensvorstellungen fast unmöglich. So wird nach alter Sitte der Mutter Erde Pachamama geopfert, und beim Bau eines Hauses wird ein Lamaembryo in das Fundament eingegraben.

Peru ist ein Land mit alter Kultur und bewegter Geschichte. Die Inkas markieren als letztes Kulturvolk von panamerikanischer Bedeutung den Höhepunkt

**Peru bietet einzigartige landschaftliche Höhepunkte: Zahlreiche schneebedeckte Bergriesen, von denen viele mehr als 6000 Meter hoch sind, bilden die »Peruanische Schweiz«, einen der schönsten und spektakulärsten Abschnitte der Anden. Die unvergleichlich schöne Umgebung hat Huaráz im Herzen dieser Gebirgsformation zu einem Zentrum für Trekking-Enthusiasten gemacht. Die Küstenzone mit der Hauptstadt Lima in der Mitte wird geprägt von ausgedehnten Wüsten. Das Land östlich der Anden dagegen – immerhin 60 Prozent des Staatsgebietes – wird bedeckt von Tropenwald, durch den sich die Quellflüsse des Amazonas schlängeln.**

Andenbahn zwischen Puno und Cuzco (unten)

Indio-Kinder mit Lama bei Tambo Machay, dem »Bad des Inkas« (unten)

einer Reihe hochentwickelter Kulturen, die vorausgegangen waren. Deshalb gleicht es einem Wunder, daß es nur wenigen spanischen Eroberern unter Francisco Pizarro gelang, das Inka-Reich zu besiegen. Insgesamt benötigte die Schar von 183 Spaniern mit 37 Pferden nicht mehr als ein Jahrzehnt, um das größte und mächtigste Reich Südamerikas zu unterwerfen und auszuplündern. Doch das Andenimperium hatte seine machtvolle Entfaltung erst hundert Jahre vor Pizarro begonnen. Zu dieser Zeit war es noch nicht wirklich gefestigt und zudem von einem Bürger- und Nachfolgekrieg zwischen den Königssöhnen Huascar und Atahualpa geschwächt. So fand Pizarro die zuvor blühende Hafenstadt Tumbes nun zerstört vor; auch viele andere Dörfer und Städte waren von ihren Bewohnern verlassen worden. Der plötzliche Verlust der Autorität in dem lückenlosen Herrschaftssystem der Inkas nach den Unruhen hatte zu Verunsicherung und Orientierungslosigkeit geführt, was den Spaniern zugute kam. Zudem grassierten von den Europäern eingeschleppte Seuchen. Schließlich waren die Conquistadores den Inkas auch technisch und taktisch überlegen. Die Europäer kämpften auf Pferden, Geschöpfen, die die Inka-Krieger niemals vorher gesehen hatten und die ihnen Angst einjagten. Überdies hatten die Spanier keine Hemmungen, auch bei Neumond zu kämpfen, während die Inkas dann ihre Angriffe zu unterbrechen pflegten, um die Mondgottheit zu ehren. So markiert das Inka-Reich mit seinem straff organisierten Staatssystem, hervorragenden baulichen Leistungen und außergewöhnlichen Fertigkeiten bei der Bearbeitung von Stein, Gold und Textilien zugleich auch das Ende eigenständiger indianischer Kulturentwicklung in Südamerika.

Indio-Frau bei Huaráz

## Konquistadoren und Kunstsammler nahmen Peru seine Geschichte

In den folgenden Jahrzehnten plünderten die Spanier das Land aus, die Schmelztiegel hörten nicht auf zu glühen. Aber Eldorado, das sagenhafte »Goldland«, fanden die europäischen Eroberer nicht. Dafür wurde Peru Anfang des 20. Jahrhunderts erneut ausgeraubt, als es Mode wurde, »primitive« Kunst zu sammeln. Zahlreiche Gräber und archäologische Stätten wurden in dieser Zeit aufgebrochen – das Land der Inkas, das über keine historischen schriftlichen Dokumente verfügt, weil es bis zur Ankunft der Spanier schriftlos geblieben war, drohte seine Geschichte zu verlieren.

Dafür ist die spanisch geprägte Geschichte umfassend überliefert. Dies gilt insbesondere für den Befreiungskampf von der Vorherrschaft der spanischen Krone. Das Vizekönigreich Peru war 1543 gegründet worden und umfaßte das ganze spanische Südamerika, mit Ausnahme von Venezuela. 1776 wurde Alto Peru, das heutige Bolivien, vom Vizekönigreich Peru abgetrennt und

Urwald, soweit das Auge reicht: auf dem 450 Meter langen Canopy Walkway am Río Napo

dem neugegründeten Vizekönigreich Río de la Plata zugeschlagen, das Argentinien, Uruguay und Paraguay bildeten und von Buenos Aires verwaltet wurde. Damit endete vorerst die gemeinsame Geschichte des alten Inkareiches.

Den Unabhängigkeitserklärungen in Alto Peru (Bolivien) und in Quito 1809 folgten Aufstände in Huanuco und Cuzco. Peru war noch die stärkste Bastion pro-spanischer Kräfte. Am 12. Juli 1821 zog der argentinische Kreolen-General José de San Martín in Lima ein und verkündete am 28. Juli die Unabhängigkeit für Peru. Doch gab es hier immer noch ein starkes Heer der Spanier. Deshalb kam den Freiheitskämpfern der venezolanische Freiheitsheld Simón Bolívar zu Hilfe, unter dessen Führung sich 1817 Venezuela und 1820 Kolumbien befreit hatten. Aber erst dem damals 28jährigen venezolanischen General Antonio José de Sucre gelang es in der Schlacht von Ayacucho am 9. Dezember 1824, den Widerstand der Königstreuen zu brechen.

## Den Freiheitshelden hat der Sieg gegen die Spanier nichts eingebracht

Die erfolgreiche Befreiung Südamerikas endete für die Freiheitshelden selbst wenig ruhmreich. Bolívar erlitt mit dem 1826 einberufenen panamerikanischen Kongreß kläglich Schiffbruch, bei dem er einen südamerikanischen Staatenbund gründen wollte, zog sich nach Santa Marta an der Karibischen See in Kolumbien zurück und starb 1830 völlig verarmt.

Nach dem Scheitern der Republik »Groß-Kolumbien«, deren Präsident Bolívar für kurze Zeit war, gingen die beiden Indio-Anden-Staaten Peru und Bolivien endgültig getrennte Wege. Sucre wurde 1828 gestürzt und kehrte nach Caracas zurück, wo er 1830 ermordet wurde.

Auch das Leben von José de San Martín endete im Exil; enttäuscht und verbittert starb er 1850 im französischen Boulogne-sur-Mer. Erst Jahre später wurden seine sterblichen Überreste nach Buenos Aires heimgeholt.

Auch der einst wichtigsten Metropole des Subkontinents, Lima, brachten die neuen Zeiten wenig Gutes. Die Stadt verlor ihr Handelsmonopol mit Europa, wirtschaftlich ging es seit Ende des 18. Jahrhunderts bergab. Dazu kamen immer mehr Menschen aus den noch ärmeren Regionen des Landes. Lima »verslumte«.

Auf der Plaza de Armas in Trujillo, der von Francisco Pizarro 1535 gegründeten »Stadt des Frühlings«

Blick auf die Gesamtanlage der lange vergessenen Inkastadt Machu Picchu

Wer zum ersten Mal nach Peru kommt und in Lima auf dem Flughafen Callao landet, erleidet nicht selten einen »Kulturschock«, denn der Weg in die Stadt führt durch heruntergekommene Straßenzüge entlang zahlreicher Pueblos Jovenes, wie die Elendssiedlungen genannt werden, hinein in das chaotisch anmutende Zentrum. Doch die spanisch geprägte Altstadt, zum »Kulturerbe der Menschheit« erklärt, und das Stadtviertel Miraflores mit seinen Flaniermeilen bilden einen angenehmen Kontrast.

Zudem gibt es südlich der Hauptstadt ein Symbol der Hoffnung inmitten von Trostlosigkeit und Armut: Die immer

Alljährlich zur Wintersonnenwende am 24. Juni: Inti-Raymi-Fest in Sacsayhuamán bei Cuzco

Am Strand von Huanchaco

Schilfboot auf dem Titicacasee (unten)

**In Peru leben neben den Hochland-Indios, die etwa die Hälfte der 22 Millionen Peruaner stellen, im Amazonas-Gebiet rund 250 000 Indianer, die 50 verschiedene ethnische Gruppen bilden. Ein Drittel der Bevölkerung besteht aus Mestizen, Mischlingen zwischen Weißen und Indianern. Nur etwa jeder zehnte Peruaner ist weißer Hautfarbe. Zudem gibt es noch einige Minderheiten von Schwarzen, Chinesen und Japanern, die heute die größte Einwanderergruppe bilden.**

mehr auf die Ruinenstadt Pachacámac zuwachsende Barackenstadt Villa El Salvador wurde 1971 vom Militärregime unter General Velasco gegründet, als die ersten 10 000 Zuwanderer nach einem Erdbeben in die Wüste am Stadtrand von Lima kamen. Das Elend schien programmiert, doch heute leben etwa eine halbe Million Menschen in Villa El Salvador, die meisten in festen Häusern mit fließendem Wasser und Strom. Es wurden Hunderte von Hektar Sandwüste in Ackerland umgewandelt, mehrere Krankenhäuser und ein Fernsehsender errichtet, auch ein Industriegebiet wurde aufgebaut. Nicht wenige sehen in Villa El Salvador das neue Lima, ein Modell für eine zur Wirklichkeit gewordenen Utopie.

So scheint es nur folgerichtig, daß die Terrororganisationen »Sendero Luminoso« und »Túpac Amaru« fast bedeutungslos geworden sind. Die Chefs beider Organisationen sitzen seit Jahren in Haft, die Besetzung der japanischen Botschaft Ende 1996 in Lima war ein letzter Versuch, Aufmerksamkeit zu erregen. Seit Fujimoris relativ erfolgreicher Wirtschaftspolitik und dem harten Durchgreifen seiner Militärs hat sich die Lage stabilisiert; die Terrorbewegungen haben keine Bedeutung mehr, ihre Gefahr wird nur noch von den Militärs beschworen, deren Existenzberechtigung vor allem von diesem Feindbild abhängt.

# Die moderne Kapitale der Konquistadoren

Großes Foto: Plaza de Armas mit Kathedrale. Kleines Foto: Tanz im Parque Central im Stadtteil Miraflores.

Lima ist das politische und wirtschaftliche Zentrum Perus. Einst galt die Metropole, die erst von den Spaniern gegründet wurde, als kultivierteste Stadt des Subkontinents – von hier regierte der spanische Vizekönig, hier entstanden das erste Theater und die erste Universität Südamerikas. Geblieben sind einige schöne Kolonialbauten und beeindruckende Museen. Dazu gibt es vornehme Wohnviertel und europäisch anmutende Geschäftsstraßen. Gleichzeitig aber wuchern am Rande Limas ausgedehnte Slums, die hier Pueblos Jovenes heißen.

Vor dem Palacio de Gobierno in Lima: Täglich gegen 12.45 Uhr beginnt die Ehrengarde das feierliche Zeremoniell der Wachablösung

Dort, wo an der Pazifikküste der Nebel zuerst hinzieht und sich zuletzt auflöst, liegt Perus Hauptstadt Lima. Sie befindet sich inmitten einer 2000 Kilometer langen Küstenwüste, einer der trockensten der Erde. Die Stadt wurde von den spanischen Konquistadoren am 18. Januar 1535 gegründet, zeitlich nahe dem Dreikönigstag, woraus sich der ursprüngliche Name La Ciudad de los Reyes, »Die Stadt der Könige«, ableitet. Bei der Bevölkerung setzte sich jedoch der Name Lima durch, eine verballhornte Form des Flußnamens Rimac.

Der erste Eindruck während der Fahrt vom Flughafen in die Stadt ist ernüchternd, denn weithin erstrecken sich die Pueblos Jovenes, die Elendsviertel der über zwischen acht und zehn Millionen Einwohner zählenden Metropole, die an den Ufern des Río Rimac und auf den Höhen um die Stadt immer mehr Menschen aufnehmen und sich nun zu organisierten Stadtvierteln entwickelt haben. Dort lebt die Hälfte der Gesamtbevölkerung Limas.

Voller Hoffnung pilgern die bitterarmen Indios aus den Hochtälern auf den Pisten hinab in die Städte, vor allem hierher nach Lima, wo sie übergangslos im Elend der Slums enden. Hier wuchern in einem gnadenlosen Existenzkampf Drogenhandel und Prostitution, Raub und Erpressung, oftmals auch Todschlag aus Verzweiflung oder im Kokainrausch. Der Staat, oftmals bis in die Spitzen selber korrupt, hat hier wenig Einfluß. Ein Kreislauf aus Gewalt erzeugt immer aufs neue Gewalt.

Die Menschen, die in die Stadt fluten, übernehmen meist Gelegenheitsjobs: Hausarbeit, Kleinhandel, Verkauf von Zeitungen und Lotterielosen. Auf Schritt und Tritt trifft man Händler und Verkäufer, die Obst und Gemüse sowie allerlei Plunder anbieten. Nur zu oft und vorschnell übernehmen deshalb Besucher der Stadt die Einschätzung des peruanischen Schriftstellers Salazar Bondy, der seine Heimatstadt als »Lima, die Schreckliche, die ich liebe« bezeichnet hat.

## Rimac: Wandel vom Viertel der Wohlhabenden zum Arbeiterstadtteil

Es ist nur ein kurzer Abstecher von der Plaza de Armas über die steinerne Brücke Puente de Piedra, um ins Rimac-Viertel zu gelangen. Die Brücke wurde 1610 erbaut, wobei der Mörtel angeblich wegen der größeren Haltbarkeit mit dem Eiweiß von Tausenden von Eiern gebun-

Der Regierungspalast an der Plaza de Armas wurde 1938 erbaut

Das Rathaus (Municipalidad) stammt von 1945

Der Erzbischöfliche Palast mit seinen maurisch beeinflußten Holzbalkonen

**Zentrum der Altstadt und Mittelpunkt des »alten Lima« ist die bereits von Francisco Pizarro erbaute Plaza de Armas. Um diesen Platz herum liegen fast alle kolonialen Sehenswürdigkeiten: Der Regierungspalast, die mächtige Kathedrale, die lange Zeit das wichtigste Gotteshaus in Südamerika war, der Erzbischöfliche Palast und das Rathaus, alle mit ockerfarbenem Anstrich. Die meisten Gebäude an diesem geschichtsträchtigen Platz wirken älter, als sie es tatsächlich sind: Sie entstanden erst im 20. Jahrhundert.**

den wurde. Einst war das noble Wohnviertel am Stadtrand der Oberschicht vorbehalten. Heute wohnen hier hauptsächlich Arbeiter.

Mit einem Stock in den Sand, so will es die Überlieferung, skizzierte an einem sonnigen Tag im Januar 1535 der spanische Eroberer Francisco Pizarro den Grundplan der Stadt. Damit begann nach Mario Vargas Llosa »für alle Städte, Völker und Kulturen der Anden ein irreversibler Prozeß des Verfalls und der Unterjochung durch dieses neue Zentrum des nationalen Lebens, das man an der ungesündesten Stelle der Küste errichtet hatte, von wo aus es in ungebrochener

Pferdedroschke vor dem Regierungspalast

Kontinuität sämtliche Energien des Landes an sich ziehen und für sich nutzbar machen sollte«. Schon der schnelle Aufbau der kolonialen Metropole soll einen großen Teil der Indio-Bevölkerung in einem Umkreis von 500 Kilometern »aufgezehrt« haben.

## Für Humboldt war »Lima weiter von Peru entfernt als London«

In dem Viertel zwischen der Plaza de Armas und der Plaza San Martín befinden sich die meisten historischen Kolonialgebäude, die Lima seinen Besuchern präsentiert. Alexander von Humboldt hatte recht, als er nach seiner Südamerikareise 1801 meinte, Lima sei ganz auf sich fixiert und ignoriere den Rest des Landes. »In Lima selbst«, schreibt er, »konnte ich nichts über Peru lernen. Dort beschäftigt man sich niemals mit Dingen, welche die allgemeine Glückseligkeit im Königreich betreffen. Lima ist mehr von Peru entfernt als London, und wenn man auch in keinem Teil des spanischen Amerika durch zuviel Patriotismus sündigt, so kenne ich doch keine andere Gegend, in der dieses Gefühl stärker ausgelöscht ist. Kalter Egoismus beherrscht alle Menschen, und was nicht einer selbst erleidet, berührt keinen.« Dennoch gilt, daß Peru ohne Lima unvollständig wäre, sind doch immerhin die alten Gebäude aus der Kolonialzeit mit ihren typischen Holzbalkonen von der Unesco 1991 zum historischen »Weltkulturerbe der Menschheit« erklärt worden.

## Pachacámac: Hauptstadt und Kultstätte der präkolumbischen Zeit

Der Ort, dessen großer Nachteil das Klima mit oft tiefhängender Wolkendecke zwischen Mai und Oktober ist, liegt an einer der wasserreichsten Regionen entlang der ansonsten äußerst trockenen Küste, die bereits lange vor der spanischen Eroberung besiedelt war. Wichtigste Kultstätte aus der Zeit vor den Inkas ist Pachacámac mit einer fast 80 Meter hohen Pyramide des Sonnengottes, etwa 26 Kilometer südlich von Lima am rechten Ufer des Río Lurín gelegen.

Die Ortschaft, deren Name sich von »pacha« (Erde, Universum) und »camay« (Schöpfung) herleitet, muß um das Jahr 1000 die Metropole eines mächtigen Reichs gewesen sein. Und auch bei Ankunft der Spanier war Pachacámac neben Chan-Chan die größte Stadt an der Küste Perus. Hier befand sich das Orakel, zu dem jahrhundertelang Neugierige und Gläubige aus dem ganzen Land pilgerten und um Rat fragten.

Den wertvollsten Fund im Tempelbezirk bildet das holzgeschnitzte Heiligtum von Pachacámac, eine fein gearbeitete Säule. Die Vertiefungen sollen einst mit Gold und Silber ausgelegt gewesen sein. In dem rekonstruierten Gebäudekomplex Casa de las Mamaconas lebten die Sonnenjungfrauen, die dem jeweiligen Inkaherrscher dienten. Von dem Sonnentempel auf einem künstlichen Hügel sind nur noch einige Terrassen erhalten. An den Lehmwänden befinden sich Reste der einstigen Bemalung.

Die Spanier plünderten Pachacámac, dann eroberte die Wüste die Stadt und begrub sie unter sich. Lima dagegen, die Kapitale des neugegründeten spanischen Vizekönigreichs Peru, wuchs rasant unter seinen neuen Herren aus Europa. Zu Beginn des 17. Jahrhunderts lebten dort etwa 25 000 Menschen, Lima war zum politischen, kirchlichen und kulturellen Zentrum Südamerikas aufgestie-

Blick in die Fußgängerzone Limas: die Jirón de la Unión, die Hauptgeschäftsstraße der Stadt

Sehr beliebt ist das »Café-Café« beim Parque Kennedy

**In dem Viertel zwischen der Plaza de Armas und der Plaza San Martín, entlang der Fußgängerzone Jirón de la Unión, befinden sich neben einigen Geschäften und Verkaufsständen auch die meisten historischen Kolonialgebäude und einige Kirchen. 1991 wurde dieses Gebiet von der Unesco zum Kulturerbe der Menschheit erklärt und wird nun nach und nach renoviert. Einige Straßen wurden in Fußgängerzonen umgewandelt.**

Verkaufsstände in der glasüberdachten Passage der Hauptpost

Auf der Plaza San Martín erhebt sich das Reiterstandbild des gleichnamigen Freiheitskämpfers

Die figurenübersäte Fassade von Kirche und Kloster San Agustín in Lima

gen. Sie war Bischofssitz, seit 1551 Standort der ersten Universität Südamerikas, hier arbeitete die erste Druckerei des Subkontinents und eröffnete das erste Theater. Lima war stets reich und mächtig und konnte so zur »Perle des Pazifiks« werden. Erst Ende des 18. Jahrhunderts begann der allmähliche Niedergang der Metropole, nachdem in Buenos Aires und Bogotá neue Vizekönigtümer gegründet worden waren und Lima das äußerst lukrative Monopol auf den Handel zwischen Südamerika und Europa verloren hatte.

Möglichst nahe der Plaza de Armas wohnte die spanische Führungsschicht. Als die Stadt sich ausdehnte, wurden in sich geschlossene Stadtviertel, Barrios, errichtet, jedes mit seiner eigenen Plaza. Aber die Plaza de Armas blieb Zentrum der Altstadt und Mittelpunkt Limas. Um diesen Platz herum liegen fast alle kolonialen Sehenswürdigkeiten. Der über 300 Jahre alte dreischüsselige, reichverzierte Brunnen in der Mitte des Platzes wurde bereits 1651 aufgestellt. Auf diesem Platz, an dessen neu angelegten Grünflächen Familien entlangspazieren und auf dessen Parkbänken Liebespärchen turteln, loderte der Scheiterhaufen der Inquisition, hier wurden die Köpfe hingerichteter Aufrührer ausgestellt, fanden Feste, Prozessionen und Stierkämpfe statt.

## Tausende starben in Peru durch die Inquisition

Die Inquisition wütete in den spanischen Besitzungen noch bis 1820. Von ihren grausamen Methoden kann man sich einen Eindruck verschaffen im Museo de la Inquisición an der Plaza Bolívar, nicht weit entfernt vom Kongreßpalast. Seit 1570 sorgten Dominikanermönche auf grausigste Weise für die »Reinhaltung des Glaubens«, bis 1813 das empörte Volk das Gebäude stürmte, in dem etwa

250 000 Menschen verurteilt und viele in den Tod geschickt worden waren nach Folterungen in den Gewölben.
Im Garten auf der Rückseite des Regierungspalastes steht ein Feigenbaum, den noch Pizarro selbst gepflanzt haben soll. Hier befand sich auch das Haus, in dem der berühmte Konquistador am 26. Juni 1541 ermordet wurde.
Über die Jirón de Unión, die Fußgängerstraße zwischen Plaza de Armas und Traditionen. Die Gastwirte der Chifas sind Chinesen, Kunsthandwerk betreiben meist Japaner, Ladeninhaber sind oft Italiener.

Die Fußgängerzone, früher Promenade eleganter Frauen und stolzer Machos, trifft auf die Plaza San Martín, den »Roten Platz von Lima«, Verkehrsmittelpunkt der Metropole mit in Kolonial-Rosa angestrichenen Gebäuden, wo sich auch das in den zwanziger Jahren erbaute unterstützte. Abends treffen sich unter diesem Reiterdenkmal Transvestiten, Liebespärchen und Kokainverkäufer.
Die von der Nordwestseite der Plaza San Martín ausgehende Avenida Nicolás de Piérola wird auch Colmena genannt. Diese von zahlreichen Souvenir- und Juwelierläden, Büros, teuren Restaurants und Cafés gesäumte Straße gibt sich kunterbunt, geschäftig und modern. Bis zur Plaza de Mayo wimmelt es von Straßen-

Pier an der Costa Verde in Miraflores

Gute Mariscos bietet das Restaurant »La Rosa Nautica« in Miraflores

Blick auf die Steilküste der Costa Verde,...

...wo häufig Wellenreiter ihr Glück versuchen

Plaza San Martín, schiebt sich während der Mittagszeit eine bunte Menschenmenge, hier zeigt sich Lima als Schnittstelle der Kulturen: Mütter mit Babys auf dem Rücken oder vor dem Bauch, Wahrsagerinnen, Schlepper und Bettler sind auf der Unión ebenso unterwegs wie Indios aus den Anden, Nachkommen von Negersklaven und Criollos, Nachfahren der Spanier, die stolz sind auf ihre weiße Hautfarbe und ihre spanischen »Gran Hotel Bolívar« befindet. Tag und Nacht tobt der Verkehr, gegen den Straßenhändler und Geldwechsler anzuschreien versuchen. Das Herz dieses riesigen, frisch mit Blumen bepflanzten Platzes, auf dem Feuerschlucker und Clowns ihr Können zeigen und Taschendiebe sich in Fingerfertigkeit üben, ist eine Statue des Freiheitshelden General José de San Martín, der als Argentinier den Kampf Perus um Unabhängigkeit von Spanien händlern, Schuhputzern und Dieben. Zwischen die Fahrzeuge drängeln sich schwitzende Menschen mit Schubkarren, junge Zeitungsverkäufer und Kinder, die sich mit dem Putzen von Autoscheiben inmitten des fließenden Verkehrs ein paar Nuevo Soles verdienen wollen. Unter Lebensgefahr zwängen sie sich zwischen den Karosserien hindurch, deren Fahrer meist die Ampeln ignorieren und riskante Überholmanöver wagen.

Selbstbewußt und modern: zwei Peruanerinnen in Miraflores

Musikkapelle im Parque Central in Miraflores

**In die Historie blickt man in den Stadtteilen des »alten Lima«. Die großen Konzerne, internationalen Luftfahrtgesellschaften, exklusiven Geschäfte, guten Restaurants und luxuriösen Hotels dagegen sind heute in den neuen Vororten San Isidro und Miraflores zu finden. Mit seinen breiten Straßen, hohen Glas- und Betonpalästen sowie gepflegten Grünanlagen mit Springbrunnen strahlt insbesondere Miraflores moderne Urbanität aus. Hier flaniert die High-Society Perus, spielen in den Parks die Musikkapellen auf, rufen junge Männer den hübschen »Gringuitas« Komplimente zu, locken an der von Wellenreitern bevorzugten Costa Verde mit dem langgezogenen Strand legendäre Restaurants wie das auf einer Pier erbaute »La Rosa Nautica«.**

In dem »alten Lima« sind vornehmlich die kleinen Gewerbetreibenden und zahlreichen Straßenhändler geblieben. Die großen Unternehmen, Luftfahrtgesellschaften und Botschaften dagegen sind heute in San Isidro und Miraflores zu finden, wo sich daraufhin viele exklusive Geschäfte und gute Restaurants etabliert haben.

## Limas moderne Zentren: San Isidro und Miraflores

Von der südwestlichen Ecke der Plaza San Martín kommt man mit dem Taxi in weniger als einer halben Stunde Fahrt in den zweifellos schönsten Vorort Limas. Zunächst geht es die breite, von Palmen bestandene Avenida Arequipa entlang zum Diplomatenviertel San Isidro. Monatelang war dieser Stadtteil in den Schlagzeilen der Weltpresse, als zum Jahreswechsel 1996/97 eine Gruppe von Terroristen die japanische Botschaft mit mehr als hundert, zum Teil prominenten Geiseln besetzt hielt. Neben modernen Appartementsiedlungen finden sich auf großen Grundstücken die Luxusvillen von Diplomaten, Geschäftsleuten und Regierungsangestellten.
Die Avenida Arequipa führt direkt zum Hauptplatz von Miraflores, das mit sei-

nen breiten Straßen, hohen Glas- und Betonpalästen sowie Geschäften eine moderne Urbanität ausstrahlt. Zwischen dem Beton finden sich überall Farbtupfer: Grünanlagen und Springbrunnen, Mauern, in sorgfältig bewässerten Bougainvilleen verpackt, Palmen und viele erstklassige Restaurants und Cafés, die bis in die Nacht geöffnet sind und sich besonders nach Ende der Theater- und Kinonachtvorstellungen füllen. Gemütliche italienische Restaurants mit rotweiß karierten Tischdecken und Tropfkerzen in leeren Chiantiflaschen bieten Cappuccino und Espresso inklusive.

## Kontrastprogramm zum Indio-Alltag: moderne Urbanität in Miraflores

Die Avenida Larco ist die Hauptgeschäftsstraße. An ihrem oberen Ende befindet sich der Parque Kennedy, wo Künstler am Wochenende ihre Bilder den Passanten anbieten. Hier flaniert die High-Society, modern gestylte Peruanerinnen in hautengen Kleidern – eine Welt, die nicht nur meilenweit, sondern ganze Epochen entfernt ist von der, die in den Andendörfern existiert.
Im Barrio Miraflores kann man sie beobachten, die Nachkommen der spanischen Herrschaftsschicht, die sich nicht selten mit indianischen Inkaprinzen und -prinzessinen verbanden. Bei ihnen verschmolz südländisches Temperament, indianische Gelassenheit und spanische, oftmals französisch beeinflußte Eleganz zu einer aufregenden Mischung.

## Die einstmals kultivierteste Stadt Südamerikas wird wieder schön

Hier, aber auch im historischen Zentrum, zeigt Lima, das bis ins 18. Jahrhundert als kultivierteste und reichste Stadt Südamerikas galt und dann verfiel, sein schönstes Gesicht – vor allem seit die Stadtregierung versucht, das durch zahlreiche Erdbeben und die Emigration der armen Indiobevölkerung aus den Anden geschundene Antlitz der Metropole zu renovieren. 1996 wurde beispielsweise die Plaza de Armas renoviert und mit viel Blumen und frischer gelber Farbe herausgeputzt, ein Jahr später folgte die Plaza San Martín. Und inzwischen schreibt Mario Vargas Llosa, ist »Lima heute wirklich die Hauptstadt von Peru…, da nämlich alle Menschen und sämtliche Probleme hier vertreten sind«.

Unterwegs in der Küstenwüste nördlich von Lima

Pachacámac: Überreste der Pyramide des Sonnengottes, die während der Inkazeit entstand

Zwischen Dezember und März wird an der Playa El Silencio südlich von Lima gebadet

# REISE-INFO *LIMA*

**Karte:** Seite 112/113, Planquadrat G 3.

**Anreise:** Der ca. 16 km nordwestlich vom Zentrum Limas entfernte Flughafen Aeropuerto Jorge Chávez ist Zielpunkt für Reisende aus dem In- und Ausland. Darüber hinaus starten hier touristische Charterflüge, z. B. zu den präkolumbischen Scharrbildern von Nazca. Klapprige, meist überfüllte Busse und Colectivos verkehren in unregelmäßigen Abständen und je nach Bedarf. Eine Taxifahrt nach Lima kostet etwa 10–20 US-$.

**Verkehrsmittel:** Besonders geeignet für Touristen sind Taxis. Neben Privat-Pkw mit einem »Taxi«-Schild in der Windschutzscheibe, die überall angehalten werden können und bei denen der Preis vorab ausgehandelt werden muß, gibt es Funktaxis, z. B. »Taxi Seguro« (Tel. 01/4487226) und »Taxi Miraflores« (Tel. 01/4466565).
Das Bus-Unternehmen »Tepsa« (Paseo de la República 129, Tel. 01/4276272) bedient die Küste, »Expreso Ormeno« (Javier Prado Este 1059, Tel. 01/4274569, Fax 4333810) fährt Strecken in ganz Peru. »Cruz de la Sur« (Quilca 531, Tel. 01/4271311) hat den Süden Perus im Programm, und »Expreso Sudamericano« (Montevideo 618, Tel. 01/4277708) ist das Unternehmen für Reisen in andere südamerikanische Länder.

**Unterkunft:** Die Auswahl ist groß. Etwas abseits der Innenstadt befindet sich das »Hotel Sheraton Lima« (Paseo de la República 170, Tel. 01/4333320, Fax 4336344), ein modernes Hotel der Luxusklasse auf 20 Etagen mit Kasino, Restaurants, Pool, Nachtclub und Gästeparkplatz. Empfehlenswert sind auch das »Gran Hotel Bolívar«, Perus berühmtestes Kolonial-Hotel mit exzellenter Küche (Plaza San Martín 958, Tel. 01/4287672, Fax 4287674; DZ ab 115 US-$) sowie das »Hotel Crillon«, ein zentral gelegenes Haus mit 22 Etagen, Dachrestaurant mit Folkloredarbietungen, vorzüglichem Essen und guter Unterhaltung (Av. Nicolás de Piérola 589, nähe Plaza San Martín, Tel. 01/4283290, Fax 4265920; DZ ab 195 DM, EZ ab 167 DM). In Miraflores befindet sich das »José Antonio« (Av. 28 de Julio 398, Tel. 01/4457743, Fax 4468295; DZ ab 121 US-$). In San Isidro liegt das elegante Fünf-Sterne-Hotel »Oro Verde« (Via Central 150, Camino Real, Tel. 01/4214400, Fax 4214422; DZ ab 282 US-$).

**Ausgehen:** Das Angebot an Restaurants ist unübersehbar und reicht von preiswerten Kneipenrestaurants wie dem »Cordano« (Ancash 202, nahe der Kirche San Francisco, Tel. 4270181, mit Ambiente, 1905 eröffnet) über Peñas mit Folklore-Darbietungen wie dem »Hatuchay« (Jr. Trujillo 228, tgl. 22–4 Uhr, Tel. 4272827) im Rimac-Viertel bis zum teuren »Skyroom« in luftiger Höhe des 20. Stocks im »Hotel Crillon« (Av. Nicolás de Piérola 589, Tel. 4283290; Anzug- und Krawattenzwang).
Wer in einem Fischrestaurant hoch über dem Meer speisen will, dem sei das »La Rosa Nautica« (Espigón 4, Tel. 4470057, tgl. 12.30–24 Uhr) in Miraflores empfohlen, im Belle-Epoque-Stil erbaut. Gute Gerichte zu günstigen Preisen erhält man im »Las Trece Monedas« (Jr. Ancash 536), einem stilvollen Kolonialhaus mit altem Mobiliar und Gemälden.
In Miraflores gibt es das Restaurant »Costa Verde«, das ein großes, vielgelobtes Buffet auftischt (Playa Barranquito, Tel. 4772424). In San Isidro ist das »Vivaldi« (Ricardo Palma 258, Tel. 4471636) eine gute Adresse.
Das »Sachún« (Av. del Ejército 657, Tel. 4410123) in Miraflores ist bekannt für die täglichen Tanzdarbietungen. Kreolische Musik findet man im Stadtteil Barranco, so im »El Buho Pub« (Sucre 3151) und in der »Taberna 1900« (Grau 268).
Im »El Ekeko« (Av. Grau 266, Tel. 4775823), einer Café-Bar mit Buchhandlung, wird an jedem Montag ein Schriftsteller vorgestellt, mittwochs gibt es kreolische Musik, donnerstags Jazz und samstags Afro-Musik aus Peru oder aus der Karibik.

Holzbalkon am Palacio Torre Tagle von 1735

**Sehenswürdigkeiten:** An der Stelle, an der vermutlich der ehemalige Palast des Vizekönigs stand, erhebt sich heute in schwerer Neoklassik der Palacio de Gobierno (Karte S. 22, Planquadrat b 1; Regierungspalast), der seit seiner Fertigstellung 1938 als offizielle Residenz des Präsidenten der Republik dient. Vor dem Palast patrouilliert eine rotuniformierte Ehrengarde (Mo–Sa 12.45 Uhr Wachablösung). Links vom Palast befindet sich gegenüber an der Plaza de Armas die mächtige Kathedrale (b 1; La Catedral de Lima, Mo–Fr 10–18, Sa 10–17 Uhr), deren Grundstein bereits 1555 gelegt wurde, die aber nach dem verheerenden Erdbeben von 1746 völlig neu errichtet werden mußte. In der ersten Seitenkapelle rechts kann die angebliche Mumie von Francisco Pizarro besichtigt werden.
Gleich links neben der Kathedrale erhebt sich der nach dem Ersten Weltkrieg im gleichen Stil errichtete Erzbischöfliche Palast (b 1; Palacio de Arzobispo) mit besonders schön geschnitzten Balkonen. Gegenüber, an der Nordwestseite, liegt das Rathaus (b 1; Municipalidad), 1945 erbaut, ebenfalls mit schönen Holzbalkonen und einer kleinen Gemäldegalerie. Daneben und an der Westseite erstrecken sich harmonisch eingefügte Gebäude mit eleganten Geschäften unter Arkaden.
Auf einem kleinen Nebenplatz, am Rande der Plaza de Armas, in der Nähe des Palacio de Gobierno, steht das monumentale steinerne Denkmal des Stadtgründers Francisco Pizarro.
Die zahlreichen Kirchen, überwiegend restauriert und nahezu sämtlich gelb angestrichen, lohnen einen Besuch. Da ist die hübsche kleine Kirche Santa Rosa (Santuario de Santa Rosa, tgl. 9–12.30, 16.30–18.30 Uhr), die 1728 errichtet wurde und einen ruhigen Hof mit Garten als Oase der Ruhe bietet. Da sind auch Kirche und Kloster Santo Domingo (b 1), eine dreischiffige Kirche aus dem 16. Jh. Das Juwel des kolonialen Lima ist die im Barockstil erbaute Kirche San Francisco mit ihrem Kloster (c 1; Iglesia y Convento San Francisco, 10–17.30 Uhr), von der Unesco zum Weltkulturerbe erklärt. Vor der Fassade des rosarot getünchten Klosters liegt ein kleiner gepflasterter Platz, auf dem Porträtmaler und Fotografen auf Besucher warten. Eine makabre Sehenswürdigkeit liegt unter der Kirche – Katakomben, die bis 1808 benutzt und erst 1951 entdeckt wurden.

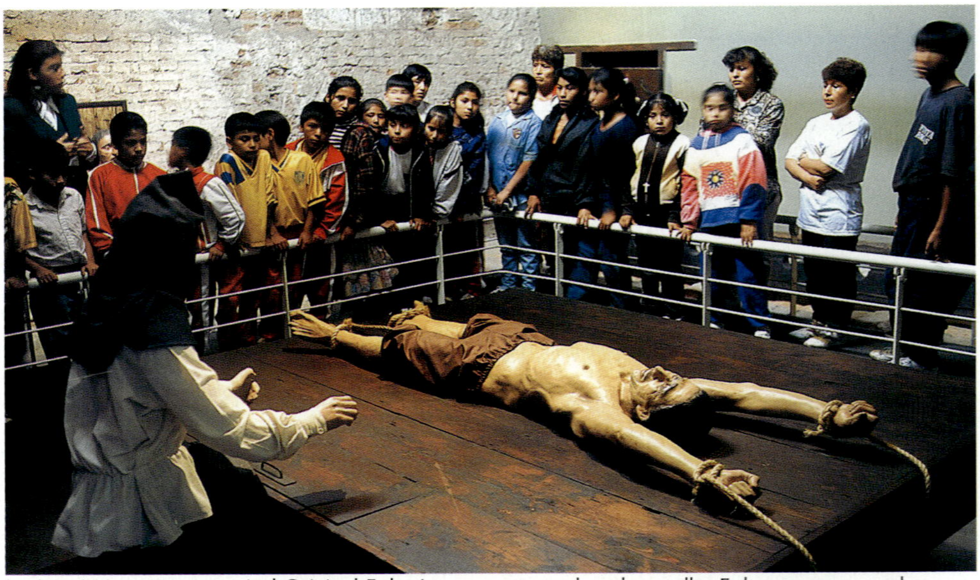

Im Inquisitionsmuseum sind Original-Folterinstrumente und nachgestellte Folterszenen zu sehen

Zwischen Plaza de Armas und Plaza San Martín befinden sich Kirche und Kloster San Agustín (a 1; Iglesia de San Agustín, Di–So 7–11, 16–19 Uhr) mit der barocken Holzschnittfigur »Der Tod« von Baltasar Gavilán, die 1720 vollendet wurden. Inmitten des Trubels der Fußgängerzone erhebt sich die Ende des 16. Jh. erbaute und neoklassizistisch fortgeführte Kirche La Merced (a 2; Iglesia la Merced, 8–12.30, 16–20.30 Uhr) mit rötlicher Fassade und gewundenen Säulen.

Die barocke Kirche San Pedro, 1638 von Jesuiten erbaut, hat den Ruf, eine der schönsten Limas und das besterhaltene religiöse Gebäude aus der Kolonialzeit zu sein (b 2). Dank der soliden Steinbauweise überstand das äußerlich eher unscheinbare Gotteshaus alle Erdbeben. Im 17. Jh. gab es im angegliederten Kloster die wichtigste Apotheke in ganz Südamerika. Bis zu ihrer Vertreibung im Jahr 1767 unterhielten hier Jesuiten eine Schule für die Kinder der Adligen. Die Glocke von 1590 (La Abuelita) läutete 1821 die Unabhängigkeitserklärung ein (Mo bis Fr 7–13, Sa/So 9–18 Uhr). Auf der anderen Straßenseite dieses Juwels für Liebhaber barocker Blattgold-Altäre steht der Palacio Torre Tagle (b 2; Tel. 01/4276064, Sa und So 9–18 Uhr), 1735 erbaut für den Marquis José Bernardo de Torre Tagle, Schatzmeister der spanischen Pazifikflotte. Heute sind in dem einst wohl schönsten kolonialen Profanbau die Büros des Außenministeriums untergebracht.

**Museen:** Lima bietet einige Museen, deren Exponate Weltrang haben. Das Archäologische Museum (Museo Nacional de Antropología y Arqueología, Plaza Bolívar, 9–18 Uhr) liegt im Stadtviertel Pueblo Libre südwestlich der Altstadt an der Plaza Bolívar (B 1) und bietet einen Überblick über die Kulturen der Vorinkazeit sowie der Inka-Epoche.

Das Goldmuseum (Museo de Oro del Peru, Av. de Molina 1110, tgl. 10.30–17.30 Uhr) im Stadtteil Monterrico enthält Goldschätze der Chimú- und Inkakultur. Im Museo Arqueológico Rafael Larco Herrera (Av. Bolívar 1515, Mo–Sa 9–13, 15–18, So 9–13 Uhr) im Stadtteil Pueblo Libre (B 1) kann man v. a. Keramiken, aber auch Goldgegenstände und wertvolle Paracas-Gewebe sehen. Wer sich einen Eindruck von den Methoden der Inquisition verschaffen will, kann das Inquisitionsgebäude besichtigen (c 2; Museo de la Inquisición, Plaza del Congreso, Mo–Fr 9–13, 14.30–17, Sa 9–13 Uhr).

Im Stadtteil San Borja befindet sich das Museo de la Nación (C 2; Javier Prado Este 2465, Di–Fr 9–17, Sa/So 10–17 Uhr), das verschiedene altindianische Kulturen und Modelle der wichtigsten Ausgrabungsstätten präsentiert. Das Museo de Arte (außerhalb der Karte; Paseo de Colón 125, Di–So 9–17 Uhr) ermöglicht einen Überblick über die peruanische Kunst von der Vorgeschichte bis ins 20. Jh.

**Einkaufen:** Viel gekauft wird Andenmusik. Auch Lederwaren kann man relativ günstig erstehen. Gold und Silber lohnen nur wegen der präinkaischen Motive, denn der Gold- und Silberpreis entspricht Weltmarktniveau. Guten Schmuck gibt es u. a. im »Haus Stern«, in den großen Hotels, im Gold-Museum und am Flughafen, bei »Vasco« (im Gold-Museum und San Isidro) sowie bei »Juan Banchero« (Av. 28 de Julio 427, Miraflores). In zahlreichen Läden von Lima, v. a. in den Vierteln San Isidro und Miraflores, wird Kunsthandwerk aus allen Teilen des Landes angeboten. »El Artesano« (Diez Canseco 498, Miraflores) ist teuer, aber exzellent. »Alpaca 111« (im Einkaufszentrum Camino Real, San Isidro) bietet hervorragende Wollsachen. Bei »Silvania Prints« erhält man v. a. Baumwollstoffe mit altperuanischen Motiven (Los Conquistadores 915, San Isidro und Diez Canseco 337A, Miraflores).

**Notfälle:** Für Touristen gibt es einen Telefonservice (Tel. 01/4769896, 8–20 Uhr) der Policia de Turismo. Die Polizei hat eine Gruppe von Beamten aufgestellt, die extra ausgebildet sind und mehrere Sprachen sprechen, erkennbar am weißen Koppelzeug.

**Information:** Infotour, Jr. de la Unión 1066, Tel. 01/4245131, Fax 4310117 (Mo bis Fr 9.30–18 Uhr), Info-Kiosk im Parque Central/Miraflores (tgl. 9–19 Uhr). Hotline Tel. 2247888 oder 2248600. Landesweite gebührenfreie Hotline Tel. 0800/42579.

Das staatliche Fremdenverkehrsamt PromPerú gibt alle zwei Monate das Magazin »El Dorado« heraus (Calle Uno oeste s/n, Córpac, San Isidro, Tel. 01/2243347; Mo bis Fr 9–13 und 14–17 Uhr).

Die Millionen-Metropole Lima bedeckt rund 70 Quadratkilometer

CULTURE
BY TABAC
FOR MEN.
CULTURE
BY TABAC
EAU DE TOILETTE
NATURAL SPRAY
VAPORISATEUR
NEUES ENTDECKEN.
www.CULTURE-BY-TABAC.de

# Aufstieg zu den weißen Riesen der »Suiza Peruana«

*Großes Foto: Blick auf den schneebedeckten Huascarán von Matacoto aus. Kleines Foto: Trekkinggruppe am Nevado Pisco.*

*Die Cordillera Blanca ist die höchste Bergkette der peruanischen Anden. Ihre Krönung sind der 6768 Meter hohe Huascarán sowie viele weitere schneebedeckte Sechstausender-Gipfel. Dieses höchste tropische Gebirge der Erde mit seiner vielseitigen Flora und Fauna ist das Ziel von Bergsteigern und Bergwanderern aus aller Welt. Gegenüber liegt die etwas niedrigere Cordillera Negra, auf der es keinen Schnee und nur spärliche Vegetation gibt.*

Gewaltige Erdverwerfungen schufen in Jahrtausenden die Gebirgskette der Anden, die sich zwischen dem Karibischen Meer und Kap Hoorn über 7500 Kilometer erstreckt. Noch heute »kochen« dort Vulkane, quillt Lava aus dem unterirdischen Hexenkessel des berüchtigten »Feuergürtels« entlang des Pazifik, zischen und dampfen heiße Quellen, bebt die Erde. Die feuerspeienden Riesen bilden zusammen mit den erloschenen Kegeln eine bis zu 7000 Meter hohe, landschaftlich äußerst abwechslungsreiche Gebirgsformation, die alle Klimazonen der Erde umfaßt.

Mitten in dieser Bergwelt liegt eine der schönsten Regionen Perus: das 180 Kilometer lange und am Flußbett acht Kilometer breite Tal des Río Santa, der Callejón de Huaylas. Umgeben ist das Tal von zahlreichen schneebedeckten Gipfeln, die höher sind als 6000 Meter. Zu ihnen gehört auch der höchste Berg Perus, der 6768 Meter in den tiefblauen Himmel ragende Nevado Huascarán, dessen eisige Gipfel das einzigartige Tal beherrschen.

## Die faszinierende Bergwelt der »Peruanischen Schweiz«

Die »Suiza Peruana«, wie diese Region von Europäern wegen der eisgepanzerten Berge getauft wurde, ist ein Paradies für Bergsteiger. Der schönste Teil ist die schneebedeckte Cordillera Blanca. Nur 100 Kilometer vom Pazifik entfernt, bildet sie die kontinentale Wasserscheide. Wie ein Schatten erhebt sich auf der gegenüberliegenden Seite das dunkle Massiv der oft schneefreien, weil »nur« knapp 5200 Meter hohen Cordillera Negra. Im nördlichen Teil des Río Santa rücken die Kordilleren immer enger zusammen, verengt sich das Tal zum Cañon del Plato bis auf nur noch 15 Meter Breite. Neben dem tosenden Fluß zwängt sich entlang tausend Meter hoher steiler Felswände eine schmale Trasse, die in die Bergflanken geschlagen wurde.

Die ruppige Wegstrecke führt durch insgesamt 35 Tunnel, bis am Ende der 15 Kilometer langen Schlucht Huallanca erreicht ist, das inmitten eines tropischen Gartens in einem Dreieckstal liegt. Die Üppigkeit der unteren Hänge des engen Santatales steht in deutlichem Kontrast zur rauhen Hochgebirgswelt. An den Gebirgsflanken kleben kleine Felder.

Markttag in Huaraz, das 1970 durch ein Erdbeben fast vollständig zerstört wurde

Landwirtschaft wie seit Jahrhunderten: Pferde helfen beim Dreschen

**In der Inka-Kultur beackerten die Dorfbewohner gemeinsam den Boden. Damit wurde erreicht, daß die Felder auch dann bestellt werden konnten, wenn ein Teil der Männer zum Militärdienst und Straßenbau abberufen wurde. Und auch heute noch wird ein großer Teil der Felder auf genossenschaftlicher Basis, die an alte Traditionen anknüpft, bestellt. Viele der raffinierten und produktiven Anbaumethoden der Vorfahren gerieten jedoch in Vergessenheit und müssen nun mühsam wiederentdeckt werden.**

Das Raria-Tal mit dem Nevado Mururaju

Sobald die Sonne hinter den Bergen verschwindet, erglüht der zerrissene Kamm der Cordillera Blanca in karminroten Farben. Aus den Schluchten des Amazonasgebiets steigen dichte Nebelschwaden auf.

Ausgangspunkt für Unternehmungen in der »Peruanischen Schweiz« ist der etwa 80000 Einwohner zählende Ort Huaraz, der zu Füßen der schneebedeckten Sechstausender liegt und beim schweren Erdbeben von 1970 weitgehend zerstört wurde. Über 50000 Menschen verloren bei dieser Naturkatastrophe das Leben. Huaraz mußte danach größtenteils neu aufgebaut werden. Inzwischen ist die nicht besonders ansehnliche Stadt wegen ihrer Lage zur Touristenattraktion geworden. Zahlreiche Hotels, Pensionen, Privatunterkünfte und Trekkingbüros künden davon. Während der Hauptreisezeit verwandeln sich an den Abenden die Gehsteige der Avenida Luzuriaga in einen einzigen Souvenirmarkt.

Vater und Kind bei Machac

Kulturlandschaft am schmalen Río Mosna (unten)

Blütenstamm der seltenen Puya raimondii

## Die wunderbare Pflanzenwelt der Hochgebirgswüste

Einige Kilometer weiter südlich, hinter Catac, zweigt eine Straße ab ins Tal des Río Pachacoto und zum einmündenden Rariatal. Zwischen strohgedeckten Bauernhütten, Mimosen und aufschießenden Agaven reifen die stachligen Früchte des Feigenkaktus. Sonst bedecken ausdauernde Hartgräser, die wie Nadelkissen in dichten Büscheln zusammenstehen, das Land. Hin und wieder findet man riesige Kakteen und dornige Sträucher. Dunkelgrau ragt die sich auftürmende Bergflanke aus dem gelben, kargen Pflanzenteppich.

Die steilen Felswände sind mit den inzwischen selten gewordenen Puya raimondii bedeckt. Zwischen August und Oktober wächst aus der wie die Agave zur Gattung der Bromelien gehörenden Pflanze ein riesiger, über fünf Meter hoher Blütenstand mit Tausenden grün-gelblicher Blüten. Dann kommen die Andenkolibris, um an den sterbenden Giganten Nektar zu saugen. Nur einmal, nach rund 80 Jahren, hat die Puya raimondii genug Kraft gesammelt, um zu blühen, dann verwelkt sie für immer. Zu den Lieblingspflanzen der Andenkolibris gehört auch die Cantuta, die peruanische Nationalblume. Die weißroten Blüten der Inkablume hängen wie Kelche am Stengel. Noch hat man hier die Landschaft für sich allein, denn Touristen kommen selten. Doch in Zukunft sollen in diese Region, die zu den ärmsten des Landes gehört, mehr Urlauber gelockt werden.

Bergführer vor dem Chopicalqui (6354 m)

Klettertour vor dem Nevado Pisco (5752 m)

Bergsteiger-Basiscamp am Nevado Pisco inmitten der Bergwelt der Cordillera Blanca

## Schneebedeckter Felsgigant: Nevado Huantsán

In der südlichen Cordillera Blanca ist der Nevado Huantsán der einzige Sechstausender. Man erreicht den schneebedeckten Felsgiganten südlich von Huaraz von der Ortschaft Macashca am Río Pariac aus. Meterhohe Opuntien, Pampasgrasstauden, dorniges Gestrüpp, blühende gelbe Ginsterbüsche und dann riesige Eukalyptusbäume säumen den Weg. Von Süden stürzt ein Wasserfall ins Tal, und hinter einem schilfbestandenen Sumpf erkennt man an den Hängen noch die Spuren des Erdbebens von 1970, als etwa ein Drittel der Nordwestflanke des Huascarán abbrach. Eine riesige Lawine aus Granit, Eis und Schlamm begrub die Stadt Yungay unter sich. Vom Gletscher am anderen Ende der glitzernden ovalen Lagune Tambillo treiben Eisschollen auf das stahlblaue Wasser hinaus. Es ist ein Anblick, der sprachlos macht.

Die spitzen Zacken des höchsten Berges in Peru, des Nevado Huascarán (6768 m), gehören neben den schwindelerregenden Felswänden des Nevado Alpamayo (5947 m) zu den bergsteigerischen Herausforderungen selbst für Alpinisten und zählen zu den wildesten Gebirgszügen des Landes. Der doppelgipflige Eisriese ist bereits von Huaraz zu erkennen, offenbart aber seine ganze Schönheit und Größe erst zwischen Mancos und Yungay. Mancos auf 2517 Metern Höhe an der Straße durchs Santatal ist dann auch der übliche Startpunkt zu einer Besteigung der Süd- und Nordgipfel, die den Río Santa um 4400 Meter überragen. Der nach dem Inka-Pfad wohl populärste Wanderweg des Landes bietet die Mög-

Der dreigipflige, 6356 Meter hohe Nevado Huandoy mit der Laguna de Llanganuco (unten)

Laguna de Llanganuco vor dem 6768 Meter hohen Huascarán (unten)

**Zwei türkisblaue Seen, die Laguna Chinancocha und die Laguna Orconcocha, bilden die Lagunas de Llanganuco. In den Seen, die in einer Höhe von 3860 Metern liegen, spiegeln sich die Steilwände von Huandoy und Huascarán, die ebenfalls zum insgesamt 346 000 Hektar großen Huascarán-Nationalpark gehören. In dem Gebiet sind zahlreiche seltene Kakteen zu Hause.**

lichkeit, die herrliche tropische Gebirgswelt der Cordillera Blanca zu entdecken. Von Yungay am Fuße des Nevado Huascarán aus geht es in das Herz des Parque Nacional. Der Weg folgt in schwindelerregenden Serpentinen dem Lauf des Río Shacsha. Die beiden türkisfarbenen Seen Huarmicocha und Oroncocha liegen zwischen den Gipfeln der Gebirgsriesen Nevado Huandoy und dem Nordgipfel des Huascarán.

Am Rand der üppig blühenden Hänge führt der Fußweg zum höchsten Punkt der Trekking-Tour, der Portachuelo de Llanganuco (4767 m) mit atemraubenden Blicken auf das Huandoy-Massiv, den vielbestiegenen Nevado Pisco, die beiden Gipfel des Chacraraju zur Linken sowie den Nevado Chopicalqui und den Nevado Huascarán mit seinen beiden Gipfeln zur Rechten.

Tief am Himmel hängen schwere, graue Regenwolken, die allmählich die Berge verschleiern. Von ferne rückt ein Gewitter heran. Die Temperatur stürzt rapide, Blitz und Donner erfüllen die Berglandschaft, auf die sich ein sintflutartiger Regen ergießt. Doch das Wetter ändert sich schnell in den Anden: Schon nach kurzer Zeit bricht die Sonne durch, dann funkelt die Laguna de Llanganuco wie ein Diamant.

## Der »schönste Berg der Welt«: die Pyramide des Nevado Alpamayo

1966 wurde der Nevado Alpamayo von Experten beim »Schönheitswettbewerb der Berge« in München zum »Schönsten Berg der Welt« gekürt. In der Tat: Er offenbart sich als perfekte, fast ebenmäßige Pyramide, die eingebettet ist in ein phantastisches Steinmeer voller eisgepanzerter Zinnen, Türme, Grate und Felsnadeln. Zu erreichen ist der »Traumgipfel« von Caraz aus.

Von dort führt eine Straße über viele Serpentinen bis zum Dorf Santa Cruz. In Cashapampa schließlich kann man Mulis mieten. Durch mehrere Bäche laufen die genügsamen Tiere bis zur Lagune Yuraccocha. Der Weg steigt weiter an bis zum Westufer des Nevado Cullicocha und führt dann das baumlose Tal des Quebrada de los Cedros auf 3950 Meter Höhe entlang über zwei Pässe. Was sich dann aus den Nebelschwaden herausschält, wirkt wie ein Wunder: Der schönste Berg der peruanischen Anden präsentiert sich als formvollendete Eispyramide.

# REISE-INFO KORDILLEREN

**Karte:** Seite 112/113, Planquadrat F 3. Kartenmaterial im Maßstab 1:100000 des Instituto Geográfico Nacional (IGN) erhält man in Lima-San Isidro (Av. Aramburú 1190) für etwa 7 US-$.

**Anreise:** Auf dem Landweg erreicht man Huaraz von Lima (7 Std.) und von Trujillo (10 Std.). Die wichtigsten Buslinien von Lima nach Huaraz sind »Ancash« (Carlos Zavala 177), »Cruz del Sur« (Quilica 531), »Rodriguez« (Roosevelt 354).
In Huaraz gibt es Büros folgender Busgesellschaften: »Ancash« (Raimondi 837), »Cruz del Sur« (Lucar y Torre 573), »Rodriguez« (Tarapacá 622).

**Klima, Reisezeit:** Trockenzeit: April bis Oktober. Beste Zeit zum Bergsteigen: Mitte Mai–Mitte Juli. Danach – bis Ende August/Anfang September – schließt sich die ideale Zeit für Trekkingtouren und zum Bergwandern an.

**Unterkunft:** In Huaraz bietet das auf einem Hügel oberhalb der Stadt gelegene »Andino Club Hotel« (Pedro Cochachin 357, Tel. 044/721662, Fax 722830, DZ ab 64 US-$) unter schweizerischer Leitung eine geeignete Unterkunft mit herrlichem Ausblick auf den Nevado Huascarán. Ein gutes, ruhiges Hotel 7 km in Richtung Caraz ist das Hostal »Termas de Monterrey« (Carretera Anta, Reservierung über Tel. 01/404630), an Thermalquellen gelegen.
Das beste Hotel in Chavín de Huántar ist das einfache Hostal »El Inca« (Plaza, Flechtmatten in den Zimmern). In Caraz bieten Unterkünfte das »Hostal Chamanna« (Av. Nueva Victoria 185, ca. 2 km außerhalb, Tel. 044/791053; unter deutscher Leitung) mit Garten und »O'Pal Inn« (kurz vor Caraz, Tel. 044/791015), das 12 Bungalows mit Küche und Kamin besitzt.

**Ausgehen:** Empfehlenswerte Eßlokale in Huaraz sind die Pizzeria »Monte Rosa« (José de la Mar 661) und die Crêperie »Patrick« (Av. Luzuriaga 422). Live-Musik wird geboten in den Peñas »El Tambo« (José de la Mar/Ecke Lucar y Torre) und »Imantata« (Luzuriaga 424).

**Sehenswürdigkeiten:** Auf dem Weg in die »Peruanische Schweiz« gelangt man in den Monaten September und Oktober bei Kilometerstein 105 nördlich von Lima auf einer Piste (5 km) in eine Wüste, die dank des Nebels von einer zart-grünen Vegetationsdecke überzogen ist. An der Abzweigung nach Las Salinas erblickt man ein eindrucksvolles Farbenspiel der abgelagerten Kalk- und Gipskristalle mit Anlagen zur Salzgewinnung. In Pativilca kann man das Haus Simón Bolívars (Casa de Bolívar) besichtigen, der hier gewohnt hat. In Huaura (nördl. Huacho) befindet sich das Haus (Plaza de Armas), in dem General San Martín am 28. Juli 1821 die Unabhängigkeit Perus verkündete.
**Chavín de Huántar:** Nur 110 km sind es von Huaraz nach Chavín de Huántar, das man von Catac (35 km südlich von Huaraz) auf einer Schotterstraße nach Osten erreicht. Die Chavinkultur gilt als die älteste Hochkultur Südamerikas. Die Blütezeit lag im 1. Jahrtausend v. Chr.
Zentrum der Anlage ist der riesige Komplex El Castillo, der aus zwei Terrassen aus mit Ton geglättetem Granit besteht. Die Mauern waren früher mit vorstehenden Steinköpfen verziert. Steile Treppen führen hinunter in ein Labyrinth aus unterirdischen Gängen, Kammern, Hallen und Nischen. Mittelpunkt der Tempelanlage ist ein fast 5 m hoher Monolith aus Granit in Form eines Dolches (Lanzón), dessen Spitze nach unten zeigt. Um den monströsen Kopf des Basisreliefs, mit den für Chavín typischen höhnisch lachenden Mund und spitzen Raubtierzähnen, winden sich Schlangen (Mo–Sa 8–12, 13–16 Uhr).

**Veranstaltungen:** Jedes Jahr im Juli wird eine »Feria Regional de Ancash« abgehalten, eine Kombination von Volksfest, Sportwettkämpfen und Ausstellungen.

Chavín de Huántar: Granitstele »Lanzón«

**Trekking:** Trekking erfordert kaum technisches Geschick, anders als Bergsteigen. Die meisten Trecks in den peruanischen Anden sind demzufolge nicht viel mehr als ausgedehnte Wanderungen auf oft allerdings steilen Wegen. Dennoch müssen einige Verhaltensregeln beachtet werden:
Die meisten Routen liegen zwischen 3000 und 5000 Metern Höhe. Deshalb muß man sich vor Beginn eines Trekkingunternehmens akklimatisieren, denn der Körper benötigt Zeit, ausreichend rote Blutkörperchen zu bilden. Die dünne Höhenluft kann sonst zur Höhenkrankheit führen (Kopfschmerzen, Übelkeit, Atemnot, Schlaflosigkeit; siehe auch Seite 106). Die Schneegrenze liegt bei 4800 m.
Trinkwasser sollte mit Micropur-Tabletten oder Katadyn-Filtern behandelt werden. Salztabletten und regelmäßiges Trinken (mehr als der Durst gebietet) sind bei schweißtreibenden Trekkings lebensnotwenig. Wegen der sehr intensiven Sonneneinstrahlung sind eine gute Sonnenschutz-Creme und Sonnenbrille gegen die UV-Strahlung erforderlich. Die Temperaturunterschiede zwischen Tag und Nacht sind gewaltig. Tagsüber sind 18–24 Grad, nachts geht es in den Minusbereich. Leichte Thermounterwäsche, einige Schichten warmer Kleidung und eine Daunenjacke sind unentbehrlich.
Über die Dauer einer Trekkingtour sollte man sich genau informieren. Die großen Höhenunterschiede und das Gepäck vermindern die Gehgeschwindigkeit erheblich. Zu bedenken ist ferner, daß Tag und Nacht in Äquatornähe etwa gleich lang sind, d. h. um 18 Uhr bricht die Nacht an und dauert 12 Stunden. Spätestens dann muß das Ziel erreicht sein.
Beim Mieten von Tragtieren (v. a. Esel) muß jeweils für 3–4 Tiere ein Treiber mitbezahlt werden (pro Tag 4–7 US-$, Esel pro Tag 3–4 US-$). In Huaraz kann man Trekking-Ausrüstung ausleihen. Die Preise für ein Zwei-Personen-Zelt liegen bei ca. 3 US-$ pro Tag, Schlafsäcke bekommt man für 2,50–3,50 US-$, Isoliermatten werden zu 0,5 US-$ pro Tag vermietet. Gaskocher erhält man für 1–2 US-$.

**Information:** Optur (Huaraz, Av. Luzuriaga 459/Plaza de Armas, Mo–Fr 9–13, 14.30–17.30 Uhr). Für Bergsteiger: Club Andinista Cordillera Blanca, Parrón 582, Casa de Guías (Parque Ginebra, Huaraz, Tel. 044/721811).

Zu Füßen des Huascarán: Laguna de Llanganuco

Chavín de Huántar: Gesamtansicht auf die Ruinenanlage, die etwa 3000 Jahre alt ist

Unweit von Catac wachsen noch einige Exemplare der Puya raimondii

Herrliche Blumen gibt es auf dem Markt in Huaraz

Die Cordillera Blanca ist das höchste tropische Gebirge der Welt. Flora und Fauna sind dort besonders vielseitig, bedingt durch die Nähe zum Äquator und durch die gewaltigen Höhenunterschiede. In dieser Region, vor allem im Südteil des Nationalparks Huascarán, gedeiht die einzigartige Puya raimondii. Diese Bromelienart erreicht einen Durchmesser von drei Metern. Nach etwa 80 Jahren sprießt zwischen den Monaten August und Oktober aus dieser Pflanze ein bis zu fünf Meter hoher Blütenstand mit grün-gelblichen Blüten. Dann stirbt sie.

Traditionell gekleidetes Indio-Kind in Huaraz

# Unterwegs zu den Zeugen der Vergangenheit

Großes Foto: Altar der Iglesia San Francisco in Trujillo. Kleines Foto: Prozession zu Ehren des Señor de los Milagros vor der Casa Bracamonte, Trujillo.

In Trujillo, dem Zentrum des Nordens, zeugen einige wohlerhaltene Häuser aus der Kolonialzeit von einer großen Vergangenheit. Noch weiter in die Geschichte zurück führen einige Orte in der Umgebung: Dort liegen die Ruinen der Chimú-Hauptstadt Chan-Chan sowie der Sonnen- und Mondtempel der Moche-Kultur. In Chiclayo werden die sensationellen Funde aus dem Fürstengrab von Sipán gezeigt. Bei Tácume wurden in den letzten Jahren riesige Pyramiden freigelegt.

Die Fahrt nach Norden von Lima auf der Panamericana, der »Traumstraße der Welt«, führt über Hunderte von Kilometern durch eine eintönige Wüstenlandschaft. Dort weht vom Meer her ein kühler Wind, der vom Land erwärmt wird. Die feuchte Meeresluft wird von der warmen Luft der Küste buchstäblich aufgesaugt: Es kommt zu dem Paradoxon einer nebelverhangenen Wüste. Die Sonne kann nur die höher aufsteigenden Schwaden auflösen, im Nebel selbst bleibt es kühl. Doch die Nebelfeuchtigkeit dringt nicht bis zum Boden vor. Die Folge ist eine viele tausend Kilometer lange Küstenwüste, wo es jahrzehntelang nicht regnet. Nur dort, wo der Nebel auf einer Höhe von etwa 500 Metern auf die Andenhänge trifft, kann sich eine Busch- und Strauchvegetation bilden. Solche Gebiete, in denen durch den Niederschlag des Nebels eine Oase mit Wiesen und Weiden entstanden ist, nennt man Loma.

Das zarte Farbenspiel zwischen dem Meer auf der einen und den Dünen auf der anderen Seite läßt die Landschaft sanft erscheinen. Das Morgenlicht gibt der Wüste noch eine eigenartige tiefgelbe oder rosa bis violette Farbe, doch gegen Mittag, wenn die Sonne sirupgelb glimmt, zerfließt alles im Dunst, der wie Rauch über der Straße steht. Die senkrecht niederbrennende Äquatorsonne verwandelt den Asphalt in ein flimmerndes Band. Man glaubt, auf einem tanzenden, glänzenden Schleier zu fahren.

## Reise auf der Panamericana Norte durch die Küstenwüste

Bauern treiben ihre Tiere durch die Hitze und die Staubwolken die Panamericana Norte entlang, über die schwerbeladene Lastwagen donnern. Karren, überfüllte Busse, an denen Menschentrauben hängen, sind ebenfalls auf dieser »Traumstraße« unterwegs, die vor allem im Norden übersät ist von Schlaglöchern. Zahlreiche schmale Baustellen machen die Tour über diese Piste anstrengend und mühsam. Dann verändern sich Landschaft und Klima, es wird feucht-heiß wie in einer Sauna. Nur langsam geht es voran, dann fällt die Nacht nahezu übergangslos wie ein Bühnenvorhang, und Trujillo ist erreicht.

Die Region um die drittgrößte Stadt Perus ist vor allem wegen der Überreste bedeutender Indianerkulturen von touri-

An der Nordseite der Plaza de Armas in Trujillo erhebt sich die Kathedrale aus dem 17. Jahrhundert

In der Casa del Mariscal de Orbegoso werden Kolonialmöbel gezeigt

**Trujillo dient vielen Reisenden als Ausgangspunkt für den Besuch der Stätten einiger bedeutender Indianerkulturen. Dabei hat die traditionsreiche Stadt, die bereits 1820 ihre Unabhängigkeit von Spanien erklärte, etwas mehr Aufmerksamkeit verdient: In ihrem Zentrum hat sie den Stil der spanischen Kolonialzeit prachtvoll bewahrt. Darüber hinaus strahlt die Stadt, die wegen ihres angenehmen Klimas »Ciudad de la Primavera« genannt wird, eine entspannte Atmosphäre aus.**

Viele Peruaner sind Analphabeten und benötigen einen Schreiber

Portal und Fenster eines Kolonialhauses in Trujillo

Fotograf auf der Plaza de Armas

stischem Interesse. In ihrem Zentrum hat sich die 530 000-Einwohner-Metropole den Stil der spanischen Kolonialzeit prachtvoll bewahrt. Große Plätze, reich verzierte Kirchen und elegante Häuser im maurisch-spanischen Stil prägen den Charakter Trujillos.

## Trujillo: Stadt des Widerstands gegen die Spanier

Jahrhundertelang verweigerten die Einwohner dieser Stadt der spanischen Krone ihre volle Loyalität, und so war Trujillo 1820 die erste peruanische Stadt, die sich von Spanien unabhängig erklärte. Hier richtete der Befreiungskämpfer Simón Bolívar denn auch den Sitz seiner Revolutionsregierung ein, und von hier aus bereitete er seine Feldzüge vor, die in der Schlacht bei Ayacucho zum Ende der spanischen Herrschaft führten.

Zu einem beliebten Badeort der Bewohner von Trujillo hat sich das einstmals ärmliche Fischerdorf Huanchaco an der Pazifikküste entwickelt. Die Luft riecht nach Salz und Meer, getrocknetem Fisch und exotischen Gewürzen, mit denen in den vielen Restaurants für die Touristen gekocht wird. Noch heute kann man die Fischer beobachten, wenn sie – wie auf dem Rücken eines Delphins sitzend – in ihren Binsenbooten, den »Caballitos de Totora«, auf das Meer hinausfahren. Halb kniend, halb sitzend, eine lange Bambusstange in der Hand, »reiten« die Fischer mit dem Sog der Wellen auf ihren »Binsenpferdchen« hinaus aufs Meer.

Weil das Klima entlang der peruanischen Küste so trocken ist, blieben viele Schätze der Indiokultur erstaunlich gut erhalten. Die Moche-Kultur, auch Mochica genannt, leitet sich vom Río Moche ab, wo sich das Kernland dieser Kultur befand. In den Tälern von Moche, Virú und Casma im Süden sowie Lambayeque im Norden wurden die wichtigsten Zentren errichtet. Die Epoche der Mochica erreichte ihren Höhepunkt um das Jahr 500, aber erst die Ausgrabungen von Max Uhle 1899 in den Pyramiden von Moche förderten dort Gräber mit reichen Beigaben zutage. Die Mochica errichteten die höchsten Lehmziegel-

Chan-Chan: Ciudadela Tschudi… …und Relief der Mondpyramide (unten)

pyramiden Südamerikas. Diese liegen etwa sechs Kilometer südlich von Trujillo hinter der Brücke über dem Río Moche, am Fuß des Cerro Blanco.

Die Sonnen- und Mondpyramide wurden vollständig aus luftgetrockneten Lehmziegeln erbaut. In die noch feuchten Ziegel wurden symbolische Zeichnungen geritzt. Die Huaca del Sol, deren südlicher Teil von den Fluten des Río Moche zum Teil zerstört wurde, besteht aus einer Plattform, auf der sich das siebenstufige, 48 Meter hohe und 228 Meter lange Bauwerk mit seinen sehr steilen Wänden erhebt. Es entstand im 5. Jahrhundert aus über 100 Millionen Lehmziegeln und gilt als größtes präkolumbisches Bauwerk des Subkontinents. Die 500 Meter entfernt liegende ältere Huaca de la Luna ist etwas kleiner: Sie ist sechsstufig, etwa 20 Meter hoch und 80 Meter lang und wurde zum Teil auf Naturfelsen erbaut. Die farbigen Relief-

**Es ist kaum bekannt, daß die Vorfahren der Inkas – die Mochica und Chimú, die Paracas und Nazcas – hochstehende Zivilisationen entwickelt hatten. Wegen des trockenen Wüstenklimas blieben viele Schätze dieser Kulturen erstaunlich gut erhalten. Besonders bekannt geworden sind die Ausgrabungen im Norden Perus bei Chan-Chan und dem »Tal der Pyramiden« bei Tácume. Aber auch die Besichtigung der Ausgrabungsstätte vom Fürstengrab des Señor de Sipán ist spannend, da Archäologen hier immer noch neue Funde machen. In dem Museum Bruning in Lambayeque ist die gesamte in Mainz restaurierte Sipán-Sammlung zu sehen.**

Dekorationen am Regenbogentempel »Huaca del Dragón«

Blick auf die Pyramide Huaca Larga in Tácume

mauern beider »Pyramiden« sind kunstvoll gestaltet und geben Aufschluß über die Lebensweise der kriegerischen Mochica.

Für den Bau dieser mächtigen Anlagen waren Tausende von Arbeitern erforderlich, die jedoch nur in einer straff organisierten Gesellschaft zur Verfügung gestellt werden können. Diese bestand aus einer politisch-religiösen Führungsschicht und der Masse der Bauern, die mit hochentwickelten Anbautechniken die Grundlage für große Gemeinschaftsarbeiten schufen. Die religiösen Vorstellungen der Mochica waren von der Verehrung der Gestirne, des Jaguars oder Pumas und des Kondors geprägt.

Ein weiteres eindrucksvolles Überbleibsel aus der Vorinka-Zeit ist die nahezu quadratische Huaca La Esmeralda. Sie liegt an der Straße Richtung Huanchaco in Mansiche. Dieser »Smaragdtempel« der Chimú ist mit exotischen, in den

Geschmückter Krieger im Museum Bruning

Lehm geschnittenen Dekorationen versehen sowie mit Tiersymbolen verziert.

Etwa vier Kilometer außerhalb von Trujillo sind am nördlichen Stadtrand die Überreste von Chan-Chan zu besichtigen. Der ausschließlich aus Lehmziegeln erbaute Ort diente als Hauptstadt des alten Chimú-Reiches und war im 13. und 14. Jahrhundert mit rund 50000 Einwohnern die größte Stadt Südamerikas. Chan-Chan, das sich über eine Fläche von etwa 28 Quadratkilometern erstreckte, bestand aus zehn Stadtvierteln (Ciudadelas) und war streng symmetrisch angeordnet. Die Tempel waren mit Reliefs geschmückt, geometrisch-großflächigen Ornamenten und mythologischen Figuren.

## Die untergegangene Riesenkapitale der Chimú: Chan-Chan

Die Ruinen von Chan-Chan werden als größte archäologische Stätte des Kontinents angesehen. Die Jahrhunderte gingen nicht spurlos an der Riesenstadt vorüber: Nachdem die Inkas die Chimú zu Beginn des 15. Jahrhunderts unterworfen hatten, wurde die Stadt aufgegeben. Wind und Wetter setzten den Lehmbauten zu, besonders einige starke Regenfälle in den vergangenen Jahren, die mit dem Klimaphänomen El Niño zusammenhängen. Schon Alexander von Humboldt fand »die Ruinen der Stadt nur durch ihre enorme Masse interessant«.

Der zentrale Kern von Chan-Chan besteht aus zehn Palästen, die von mächtigen Mauern umgeben sind. Im weiten Umkreis befinden sich Spuren von Straßen, Aquädukten und Tempeln. Die Stadt war von hohen Mauern umschlossen. Die Stadtviertel waren jeweils einer bestimmten Berufsgruppe vorbehalten. Es gab beispielsweise den Bezirk der Handwerker (Schmiede, Töpfer) mit Werkstätten und Wohnhäusern. Und es existierten kleine Gärten mit Wasserleitungen, die an ein großes Bewässerungssystem außerhalb der Stadt angeschlossen waren.

In der archäologischen Zone ist nur die Anlage des ersten Palastbezirks zugänglich, die größtenteils restauriert wurde. Dort befanden sich ein Friedhof, eine Kaserne, Zeremonienplätze und Gebetshallen. Ihren Namen hat diese »Ciudadela Tschudi« von dem Schweizer Südamerika-Forscher Johann von Tschudi.

Dem Kulturvolk der Chimú, das zwischen Tumbes und Lima im Nordteil des heutigen Peru lebte, kommt in Südamerika eine ähnlich große Bedeutung zu wie den Azteken in Mexiko oder den Maya in Guatemala. Das mächtige Reich der Chimú entstand um das Jahr 1000 und existierte etwa bis 1460. Gründer der herrschenden Dynastie von Chan-Chan war Tacaynamo.

Lösegeldzimmer Cuarto del Rescate in Cajamarca

Die Chimú verstanden sich als Nachfahren der Götter. Ihr erster Herrscher, Naymlap, soll mit seiner Familie, seinem adligen Gefolge und seinen Domestiken über das Meer nach Chan-Chan gekommen sein. Berühmt wurden die Chimú durch die Fertigkeiten ihrer Goldschmiede, besonders schöne Totenmasken, rituelle Gefäße, Ohrpflöcke, Halsketten und Armreife herstellen zu können.

## Die Inkas besiegten die Chimú, weil sie ihnen das Wasser nahmen

Die Wirtschaft dieses Volkes fußte auf einer gut organisierten Bodennutzung, außerdem hatten die Bauern ein raffiniertes Bewässerungssystem entwickelt. Und so kam denn auch das Ende von Chan-Chan, als 1460 die Inkas den Chimú die lebenswichtigen Bewässerungsanlagen in den Bergen absperrten und ihren letzten König Minchanzaman gefangennahmen. Die Spanier fanden 1533 die Stadt nahezu verlassen vor, denn die besten Handwerker und Lehrmeister der Chimú waren nach Cuzco zwangsverpflichtet worden.

Seit Jahrhunderten gehen die Männer in Huanchaco mit ihren Binsenbooten auf Fischfang

Herrliche Steinmetzarbeiten schmücken die Kathedrale von Cajamarca

**Allmählich ansteigend führt der Weg von Trujillo mit den nahe gelegenen Zuckerrohr-Plantagen und dem kleinen Fischerdorf Huanchaco in gewaltigen Kurven hinauf in die Stadt Cajamarca. Hier vollendete sich mit der Gefangennahme des Inkaherrschers Atahualpa durch die Spanier unter Francisco Pizarro das Schicksal des mächtigen Inka-Reiches. Im Cuarto del Rescate kann man noch immer die dunklen Linien sehen, welche die Höhe des Lösegeldes für die Freilassung Atahualpas markierten. Die vergoldete Kanzel in der Kathedrale zeugt vom Triumph der spanischen Abenteurer.**

In der Küstenregion gibt es große Zuckerrohrplantagen

Caballitos de Totora nennen sich die eigenwillig geformten Bötchen in Huanchaco



Am 15. November 1532 traf Francisco Pizarro mit seinen Männern nach zwei Monaten Marsch in Cajamarca ein. Schon aus einiger Entfernung sahen sie das Heerlager des Inkaherrschers Atahualpa. Der Inkakönig trug einen golddurchwirkten Mantel, mit Gold durchflochtene Sandalen, ein blaues Stirnband, aus dem die Federn des heiligen Vogels Crequenque ragten. Als Symbol der Herrschaft fiel eine rote Quaste über seine Stirn. Atahualpa wurde in einer goldenen Sänfte getragen. Sein goldenes Bett war mit Edelsteinen verziert, die Stühle waren ebenfalls aus dem Edelmetall hergestellt. Die Adligen trugen kostbare Gewänder und goldenen Schmuck. Am selben Tag noch ließ Pizarro Atahualpa »im Namen Gottes und des Königs auffordern, sich dem Gesetz unseres Herrn Jesus Christus und dem Dienst an Seiner Majestät zu unterwerfen«. Nach einem Mißverständnis kam es bei diesem Zusammentreffen zu einem heftigen Tumult, zahlreiche Indianer wurden getötet und Atahualpa gefangengenommen.

## Die Spanier nahmen das Lösegeld, und dennoch töteten sie Atahualpa

In dem von einfachen Häusern umgebenen Cuarto del Rescate, dem Lösegeldzimmer, wurde der Inkaherrscher festgehalten. Um sein Leben zu retten, bot er den Spaniern an, das 60 Quadratmeter große Zimmer bis zur Höhe seines ausgestreckten Arms mit Gold, Silber und Schmuck zu füllen.

Atahualpa hielt Wort, und noch heute kann man in dem Raum in Cajamarca, in dem das Lösegeld im heutigen Wert von umgerechnet 90 Millionen Mark gesammelt wurde, die dunkle Linie sehen, welche die Höhe des Schatzes markierte. Die Spanier nahmen die schätzungsweise sechs Tonnen Gold und zwölf Tonnen Silber – und verurteilen Atahualpa dennoch zum Tode. Am 29. August 1533 ließen sie den Inkaherrscher auf der Plaza de Armas hinrichten. Zuletzt ließ sich der Inka noch taufen. Das bewahrte ihn vor dem Feuertod, der nach dem Inka-Glauben auch seine »spirituelle« Existenz für immer beendet hätte. Denn für das Weiterleben der Toten war es nach den Vorstellungen der Inkas besonders wichtig, die äußere Körperform zu erhalten. Nur wenn dies gelang, konnten die Toten weiter existieren.

## Trujillo

**Karte:** Seite 112/113, Planquadrat E 2.

**Anreise:** Tgl. mit dem Flugzeug ab Lima (50 Min.) und Piura, mehrmals wöchentlich ab Iquitos und Chiclayo (15 Min.). Der Flughafen liegt 8 km westlich der Stadt. Busverkehr zwischen Trujillo und Chimbote (2 Std.), Chiclayo (3 Std.), Piura (6 Std.), Cajamarca (5–6 Std.), Lima (8 Std.) und Huaraz (11 Std.).

**Unterkunft:** Das beste Hotel der Stadt ist das »Hotel Libertador« (das alte, jetzt privatisierte »Hotel de Turistas«, Jr. Independencia 485, Tel. 044/232741, Fax 235641, DZ ab 75 US-$) mit Pool.
In dem kleinen Fischerdorf Huanchaco gibt es u. a. die Hostals »Huanchaco« (Jr. Victor Larco 287, Tel. 044/230813, mit Pool und Cafeteria) und das »Caballito de Totora« (Av. La Rivera 219, Tel. 651828, DZ ab 27 US-$, an der Straße, mit Pool).

**Ausgehen:** Es gibt gleich zwei chinesische Restaurants, das »Chifa A-Chau« (Gamarra 769) und das »Chifa Oriental« (Gamarra 735). Anticuchos und andere Grillgerichte erhält man im »Shellsi Pub« (Estete 677, Tel. 257032, So geschl.). Für kreolische Gerichte empfiehlt sich »El Mochica« (Bolívar 426), italienisch kann man im »Il Valentino« (Orbegoso 224, Tel. 246643) speisen. Die Peña »El Maizal« (Pizarro 645, Tel. 257146) bietet am Wochenende Live-Musik.

**Sehenswürdigkeiten:** Die Plaza de Armas gehört mit zu den schönsten Plätzen des Landes. Auf der weitläufigen Anlage erhebt sich ein mächtiges Freiheitsdenkmal. Es erinnert daran, daß hier 1820 die Unabhängigkeit Perus erklärt wurde. An der Nordseite der Plaza de Armas in Trujillo steht die etwas unscheinbar wirkende Kathedrale aus dem 17./18. Jh. mit einem beachtenswerten Chorgestühl. Im Bischofspalast rechts neben der Kathedrale ist der kolonialzeitliche Hof sehenswert. Außer der Kathedrale lohnt ein Blick in das Monasterio del Carmen (Jr. Colón), die schönste Kirche der Stadt, wo man einen wertvollen Altar bewundern kann.
Auf keinen Fall darf im Besuchsprogramm die Besichtigung der vielen Kolonialhäuser reicher Familien fehlen. In der Nähe der Plaza de Armas liegen die wunderschöne »Casa de Mayorazgo« (Jr. Pizarro 314) aus dem 16. Jh. mit überaus kostbarer Inneneinrichtung und korinthischen Säulen und die gelbe »Casa Bracamonte« (Jr. Independencia 452) mit großem Holzportal und fein gearbeiteten schmiedeeisernen Fenstergittern. Zwei repräsentative Adelshäuser stehen in der Jirón Pizarro. Der gelbe »Palacio Iturrégui« (Nr. 688), ebenfalls mit schmiedeeisernen Fenstergittern, gehört dem exklusiven Club Central (tgl. 11–13, 16–20 Uhr). In dem Haus im italienischen Renaissance-Stil verkündete 1820 General Iturrégui die Unabhängigkeit der Stadt. Die »Casa de la Emancipación« (Nr. 610) diente 1823 als Sitz des ersten Nationalkongresses, später war es Regierungspalast und Bischofssitz, heute werden hier Ausstellungen organisiert.
Ein Abstecher in die Calle Bolívar (Nr. 608) führt zur »Casa de los Condes de Aranda« mit einem der schönsten Portale der Stadt. An einem kleinen Platz steht die schlicht-elegante »Casa del Mariscal de Orbegoso« (Jr. Orbegoso 553) mit Innenhof, den Gitter und Holzgalerien zieren. An der Ostseite der Plaza de Armas erhebt sich die »Casa Urquiaga« (Jr. Pizarro 446), wo Kolonialmöbel und Kunstgewerbe aus Silber zu sehen sind.

**Ausflüge:** Die »Pyramiden von Moche«, die Huaca La Esmeralda, die Huaca del Dragón (auch »Regenbogentempel«) und Chan-Chan sind tgl. 9–16 Uhr geöffnet. Häufige Busverbindungen von Trujillo, Abfahrt in der Nähe des Mercado Mayorista im Süden der Innenstadt. Taxis sind für etwa 3–4 US-$ zu haben. Das neue Museo del Sitio in Chan-Chan gibt Einblicke in die Chimú-Kultur (tgl. 9–17 Uhr).

Sonnenuntergang bei Huanchaco

**Information:** Daretur, Independencia 628, Tel. 044/204146, Mo–Fr 9.30–17 Uhr, Sa 9.30–13 Uhr. Policia de Turismo, Independencia 630, tgl. 8–21 Uhr.

## Cajamarca

**Karte:** Seite 112/113, Planquadrat E 2.

**Anreise:** Mit dem Flugzeug tgl. (ab Lima 1,5 Std.); der Flughafen (Tel. 044/922533) liegt etwa 3 km vom Stadtzentrum entfernt. Busverbindung Lima (17–20 Std.), Trujillo (6–8 Std.) und Chiclayo (5–7 Std.).

**Unterkunft:** Eines der besten Hotels im Norden ist das »Laguna Seca« (Baños del Inca, Av. Manco Cápac 1096, Tel. 044/923556, Fax 923915, DZ ab 73 US-$) mit schönen Zimmern, alle mit Thermalbecken. Komfortabel ist das »Turistas Hotel« (Plaza de Armas, Tel. 044/922470, Fax 922472, DZ ab 48 US-$).

**Ausgehen:** Eine große Auswahl an Gerichten findet man im »El Cajamarqués« (Amazonas 770, Tel. 044/922128). In dem kleinen Restaurant »La Casita del Cuy« (Amazonas 640) bekommt man gebratene Meerschweinchen serviert. Empfehlenswert ist auch das »Salsa« (Plaza de Armas).

**Sehenswürdigkeiten:** Die Stadt hat ihren kolonialen Charakter bewahrt. Sehenswert ist La Capilla de la Dolorosa, die Kapelle der Leidenden Maria, eine der Perlen kolonialer Architektur in Peru. Deckengewölbe, Wände, Fensterrahmen und Säulen sind von filigranen Steinmetzarbeiten überzogen.
An der Ostseite der ungewöhnlich großen Plaza de Armas erhebt sich die mit Vulkanlava im 18. Jh. ohne Glockenturm gebaute dreischiffige Kathedrale, in deren Innern eine vergoldete Kanzel steht. Blätter und Blumen, barocke Engel und Ziergiebel überziehen das Mauerwerk, das Stilelemente des Barock und Rokoko vereinigt. Auf der Westseite der Plaza erblickt man die unverputzten Quadermauern und die massiven Glockentürme der Iglesia San Francisco, die einen mit Blattgold belegten Barockaltar besitzt. Diese Kirche mit dem angrenzenden Kloster zählt zu den ältesten christlichen Zeugnissen Perus, wurde 1533 gegründet und beherbergt heute das Museo de Arte Religióso mit Kolonialgemälden (Mo–Sa, 14–17 Uhr).

Die 1744 fertiggestellte Iglesia de Belén bietet eine originelle, bunte Innenausstattung mit der Tendenz zum Kitsch (Mo, Mi–Fr 9–13, 15–17, Sa/So 9–12 Uhr). Hausbackene Engelsfiguren scheinen die Kuppel zu tragen. Die »Casona Uceda« (Jr. Batán 717) ist ein ehemaliges koloniales Privathaus mit schöner Fassade und Portal (heute Banco del Crédito).
Die nur 6 km entfernten Thermalquellen Baños del Inca waren einmal ein beliebter Kurort. Aus der Zeit der Inkas ist allerdings nur noch wenig zu sehen, dafür gibt es heute eine Badeanstalt (tgl. 8–17 Uhr, häufige Busverbindung).

**Information:** Dirección de Turismo, Jr. Belén, Tel. 044/922834, Mo–Fr 7.30 bis 13, 14–18.30 Uhr.

## Chiclayo/Lambayeque

**Karte:** Seite 112/113, Planquadrat E 2.

**Anreise:** Täglich Flugverbindungen ab Lima (ca. 1 Std.), Piura und Tumbes, mehrmals wöchentlich ab Iquitos. Der Flughafen Colonel Ruiz ist 2 km vom Zentrum entfernt. Busverbindung: Trujillo (3 Std.), Cajamarca (7 Std.), Piura (2,5 Std.), Tumbes (9 Std.) und Lima (12 Std.).

**Unterkunft:** Das einst staatliche »Hotel Turistas« wurde renoviert und bietet als »Gran Hotel Chiclayo« (Av. Federico Villareal 115, Tel. 074/234911, Fax 224031, Reservierung in Lima unter Tel. 01/440352, Fax 441671; DZ ab 80 US-$) Unterkunftsmöglichkeiten mit Pool, Restaurant und Disco. Lambayeque: »Hostal Bruning« (Av. Bolívar 570, Tel. 074/282704).

Gesamtanlage von Chan-Chan

**Ausgehen:** Ein gutes Restaurant am Stadtrand ist »Fiesta« (Av. Salaverry 1820, Tel. 228441). Eine große Auswahl an Gerichten bietet »Le Paris« (M. Izaga 716, Tel. 235485). In Chiclayo spielen Live-Bands (Fr, Sa) im Restaurant des »Centro Turistico El Oasis« (Virgilio D'Allorso 152, Tel. 074/231031). Lambayeque: »Restaurante El Blasón« (Av. Frederico Villareal, Cuarda 2, Tel. 074/282628).

Decken-Wandschmuck in der Iglesia de la Merced in Trujillo

**Ausflüge:** Von Chiclayo nach Lambayeque: 10 km nördlich von Chiclayo, der lebhaften Stadt an der Nordküste Perus und dem wichtigen Handelszentrum für Reis und Zucker, liegt das verschlafene Städtchen Lambayeque. Dort gibt es den mit 67 m »längsten Balkon Südamerikas« (Casa de la Logia Mas'nica) zu sehen und vor allem das Museo Arqueológico Bruning (Mo–Fr 8.30–18.30 Uhr, Sa/So 9–18 Uhr), benannt nach dem deutschen Forscher Heinrich Brüning. Es bietet eine Sammlung von Chimú- und Mochica-Keramiken und präkolumbianische Goldschätze. Herausragend: der Grabfund des Señor de Sipán (Mo–Fr 8.30–18.30, Sa bis So 9–18 Uhr).
**»Tal der Pyramiden«:** Nördlich von Lambayeque erreicht man nach 22 km den Ort Tácume, wo eine Abzweigung zum »Tal der Pyramiden« führt. Umfangreiche Grabungen haben Überreste von 26 Adobes-Pyramiden zutage gefördert. Von einer Aussichtsplattform überblickt man die weitläufige Anlage. Außer einigen verzierten Lehmmauern in der 700 m langen und 40 m hohen Huaca Larga ist derzeit jedoch nicht viel zu sehen. An mehreren Stellen sind Farbreliefs aus Lehm freigelegt worden. Bisher fand man auch Gräber mit 22 Mumien und Gefäße, die etwa 1500 Jahre alt sind (Mo–Sa 8–16.30, So 9–14 Uhr).
**Sipán:** Rund 32 km östlich von Chiclayo gelangt man zur Ausgrabungsstätte von Sipán (tgl. 8.30–18 Uhr). Dort hat man in der Huaca Rajada 1987/88 den größten Goldschatz gefunden, der je in Amerika entdeckt wurde. Das unversehrte, etwa 1500 Jahre alte Grab eines Fürsten (Señor de Sipán) enthielt eine massive Goldkrone, ein schuppenpanzerartiges Hemd, eine Kette aus goldenen Glöckchen, silberne Menschenkopfmasken und Tongefäße.
Außer den reich geschmückten Überresten des Señor de Sipán fanden die Forscher die Skelette von vier Menschen und einem Hund: zwei weibliche Skelette (vermutlich seine Frauen oder Konkubinen) und zwei männliche (wohl Sklaven oder Diener). Die Originale werden im Museo Bruning in Lambayeque (s. o.) aufbewahrt. Die anderen Ausgrabungsstätten sind derzeit für Touristen nicht zugänglich.

YAMAHA
GAVIOTIN
ELEGANTE

# Bootstour zu den »Galápagos des kleinen Mannes«

*Großes Foto: Touristenboot vor einer Insel des Ballestas-Archipels. Kleines Foto: Pelikane.*

*Wenige Kilometer südlich von Pisco liegt die Halbinsel Paracas, die zusammen mit den vorgelagerten Ballestas-Inseln einen Nationalpark bildet. In diesem bei Ausflüglern sehr beliebten Gebiet gibt es eine große Vielfalt an Meeressäugern und exotischen Vögeln. Die Hauptattraktion an der Südküste sind allerdings die Scharrbilder von Nazca. Die bis zu 285 Meter langen geheimnisvollen Linien und Tierbilder wurden vor etwa 2000 Jahren in den Wüstenboden gekratzt – vermutlich als Zeichen für die Götter und als astronomischer Kalender.*

Die Fahrt von Lima nach Süden führt durch die Wüste, doch es gibt auch Flußoasen, in denen Gemüse und Obst, Baumwolle und Wein gedeihen. Man sieht geheimnisvolle Linien und Bilder im Boden sowie Felsinseln, auf denen sich zahlreiche Meeresvögel zum Brüten versammelt haben.
Immer in Sichtweite der Andenausläufer führt die Panamericana Sur schnurgerade durch eine braun-gelbe Mondlandschaft, vorbei an großen Dünenhängen. Wenn Wind aufkommt, ist alles in einen feinen Nebel aus Sand eingehüllt. Dann bilden sich auf der »Traumstraße« kleine Dünen, und die Sonne verblaßt zu einer matten, milchigen Scheibe.
An klaren Tagen dagegen reicht der Blick weit über das Meer. Aus dem kalten Wasser steigt oft Nebel auf, der landeinwärts treibt, bis er sich in der Luft erwärmt und auflöst. Die Menschen haben in ihren Lehmsiedlungen am Straßenrand zahlreiche farbenfrohe Häuser errichtet. An kleinen Verkaufsständen gibt es Bananen und Orangen, Nüsse und Getränke.
Die Stadt Pisco, die dem Nationalgetränk Pisco Sour den Namen gab, lebt vom Baumwollanbau und der Fischerei. Der Ort war Hauptquartier von General José de San Martín während des Kampfes gegen die Spanier. Am 8. September 1820 landete der Befreier an der Bucht von Paracas und schlug hier seine Zelte auf. Unter dem Blätterdach eines gewaltigen Baumes an der Plaza de Armas erhebt sich sein Reiterstandbild.

## Die kunstvollen Totentücher von der Paracas-Halbinsel

Nicht weit entfernt von Pisco liegt die etwa 15 Kilometer lange und bis zu zehn Kilometer breite Halbinsel Paracas. 1975 wurde sie zusammen mit der südlich angrenzenden Küstenregion unter Naturschutz gestellt. Berühmt ist die Paracas-Halbinsel als Fundstätte präinkaischer Grabanlagen. Hier existierte schon vor 3000 Jahren eine alte Indianerkultur, die der Region ihren Namen gab.
1925 entdeckte der peruanische Archäologe Julio C. Tello 429 gut erhaltene Mumien, die in mehrere Lagen kunstvoll gewebter Totentücher gehüllt waren. Der Sand und die extreme Trockenheit der Wüste haben die feinen Textilien konserviert. Während die innerste Hülle aus einem weißen baumwollenen Tuch bestand, fanden sich darüber kleinere

Piscos Kirche San Francisco liegt hinter der Plaza de Armas, dem Zentrum der Stadt

Paracas-Halbinsel: Felsformation »Kathedrale«

**Wer nach Pisco fährt, denkt unweigerlich an das gleichnamige peruanische Mix- und Nationalgetränk Pisco Sour. Und tatsächlich hat dieser wohlschmeckende Drink seinen Namen von dieser Stadt, obwohl die Basis, der Traubenschnaps Pisco, meist aus der Gegend um Ica stammt und nur über Pisco verschifft wird. Der Ort ist heute eine aufstrebende Hafenstadt und ein beliebtes Wochenendziel der wohlhabenden Einwohner Limas. Nur einmal trat Pisco ins Rampenlicht der Geschichte: 1820 errichtete der argentinische Befreier General José de San Martín hier sein erstes Hauptquartier in Peru. Heute steht auf dem Hauptplatz ein Reiterstandbild zu Ehren dieses Helden des Unabhängigkeitskrieges.**

Ballestas-Archipel: Motorboot vor den Inseln,... ...Blaufußtölpel (unten)

Treffpunkt Plaza de Armas in Pisco

Pisco: vor dem Standbild General San Martíns

farbige Tücher und Kleidungsstücke aus Alpaka- und Vikuñawolle. Zwischen diese Hüllen hatte man Lebensmittel, Kleidung, Waffen, goldenen Schmuck und Keramikgefäße gelegt. Die Farben der kunstvoll bestickten Stoffe haben sich bis heute erhalten.

Aus der Paracas-Kultur entwickelte sich im Lauf der Jahrhunderte die Nazca-Kultur, deren Stoffe jedoch nicht die Feinheit der Stickereien von Paracas erreichten. Dafür entstanden dort wunderbare feine Keramiken in verschiedenen Farben, sehr häufig mit Köpfen katzenähnlicher Raubtiere. In der Paracas-Kultur werden oft kleine, tanzende Dämonen in dunkler Farbe auf schwarzem Stoffgrund dargestellt. Fliegende Kreaturen, Münder von Katzenmenschen, die Würmer, Schlangen und Tausendfüßler speien, mythologische Monstren sind zu sehen – und dennoch wirken die Figuren weder grausam noch obszön, sie ähneln vielmehr fröhlichen Wesen auf dem Weg ins Totenreich. Die Pracht der Totentücher, der Farbreichtum und die sorgfältigen Farbtonwechsel beweisen, daß in Paracas außerordentlich begabte Künstler am Werk waren.
Außerdem wurden aufgemeißelte und mit Goldplatten verschlossene Schädel gefunden. Das deutet darauf hin, daß es die Paracas-Chirurgen zu wahrer Meisterschaft gebracht hatten: Sie waren in der Lage, Eingriffe am Gehirn durchzuführen. Vermutlich kannten sie sichere Betäubungsverfahren – niemand hätte eine solche Operation sonst überstehen können. Möglicherweise dienten die »Trepanationen« dazu, »böse Geister«, welche Krankheiten verursachten, aus dem Kopf zu entfernen.

Inmitten hoher Sanddünen liegt südwestlich von Ica die Oase Huacachina

Vor der Halbinsel liegt der Ballestas-Archipel, ein wenig spöttisch auch als »Galápagos des kleinen Mannes« bezeichnet. Und das nicht ganz zu Unrecht, denn die Artenvielfalt auf den Eilanden ist beachtlich. Dort ruhen Hunderte von Seelöwen, Seehunden und Pelzrobben. Dazwischen tummeln sich Humboldt-Pinguine, Pelikane, Kormorane, Tölpel, Inkaseeschwalben und Möwen. Ab und zu begleiten Delphine die Ausflugsboote. Jeder Zentimeter ist mit Guano, dem mineralreichen weißen Vogelkot, bedeckt, der noch heute abgebaut und als Dünger verkauft wird. Aber große wirtschaftliche Bedeutung hat der Guano-Abbau im Gegensatz zum 19. Jahrhundert nicht mehr.

Die Bootsfahrt führt vorbei an einem berühmten 200 Meter breiten Scharrbild in Form eines Dreizacks. Doch was dieses Bild an der Südspitze der Halbinsel bedeutet, konnte bisher nicht entschlüsselt werden: Handelt es sich um ein Zeichen für die Götter? Oder steht es in einem Zusammenhang mit dem »Kreuz des Südens«? Oder ist der »Kandelaber« »nur« ein Werk aus dem 19. Jahrhundert? Die Forscher stehen vor einem Rätsel.

Scharrbild »Kolibri«

**Vom Flugzeug aus erkennt man am besten die eigenartigen Linien, die sich im Sand der kahlen Ebene bei Nazca abzeichnen. Insgesamt nehmen die Bodenbilder eine Fläche von 350 Quadratkilometern ein.**

Museum Maria Reiche in Nazca (unten)

Schnurgerade Linie: Panamericana

Vom Flugzeug aus gut zu erkennen: das 46 Meter lange Scharrbild »Spinne«

In einer der spektakulärsten Wüstenlandschaften Perus, die sich 100 Kilometer nach Süden ausdehnt und an der Panamericana graue, beige, rote und grüne Farbtönungen zeigt, liegt Ica. Die größte Stadt in der Südküstenregion gilt als Weinmetropole und breitet sich in einem Flußtal mit Baumwollplantagen aus, gesäumt von gewaltigen Dünen. Sie erhielt nie ein Wappen, da sie sich dagegen wehrte, zu einer Kolonialstadt herabgewürdigt zu werden. Hier wurde José de la Torre Ugarte geboren, der Verfasser der peruanischen Nationalhymne.

Als im Jahr 1939 der New Yorker Wissenschaftler Paul Kosok ein bisher unerforschtes Gebiet in niedriger Höhe überflog, um die Bewässerungssysteme alter Kulturen zu studieren, entdeckte er unter sich auf dem Wüstenplateau bei Nazca ein seltsames Durcheinander von Linien. Sie liefen in alle Richtungen, schnitten einander, bildeten Dreiecke, Rechtecke. Er hatte die »Scharrbilder« entdeckt, rätselhafte Linien, etwa 20 Zentimeter tief und einen Meter breit in die dunkle Erde eingescharrt, die von oben wie helle, weithin sichtbare Streifen aussehen, aber vom Boden wegen ihrer enormen Größe überhaupt nicht erkennbar sind. Einige Wissenschaftler hielten sie für »Marskanäle«, Erich von Däniken glaubte, »prähistorische Landeplätze für Außerirdische« vor sich zu haben. Seine Theorie lockte viele Neugierige nach Nazca und brachte dem Hobby-Forscher neben der Ehrenbürgerwürde der Stadt viel Geld ein, aber das Rätsel der Linien konnte er mit seinen abenteuerlichen Vermutungen nicht lösen.

## Die Linien von Nazca: Kalender, Marskanäle oder Ufo-Landepisten?

Eher wahrscheinlich ist es, daß es sich bei den Linien um einen astronomischen Kalender handelt. Diese Theorie entwickelte die 1903 in Dresden geborene Deutsche Maria Reiche. Sie erforschte über 50 Jahre lang die geheimnisvollen Linien und starb 1998 in einem Krankenhaus in Lima. Einige Linien verlaufen tatsächlich so, daß sie auf die Punkte des Sonnenuntergangs der Sonnenwenden vergangener Jahrhunderte hinweisen. Ähnliche Beobachtungen wurden bei Linien gemacht, die auf den Mond ausgerichtet sind. Bei den Tierzeichen handelt es sich möglicherweise um Darstellungen von Sternbildern. So könnte beispielsweise der »Affe« der »Große Bär« sein und die »Spinne« der »Orion«.
Jedenfalls hatte Kosok eine ganze Menagerie entdeckt: Pelikan, Eidechse, Papagei, Mörderwal, Kondor, Spinne, Fisch, Kolibri, Hund, Guano-Vogel, Baum, Hände, Hutmensch und ein »harpunierter Wal«. Wie auch immer die verschiedenen Tierbilder und geometrischen Figuren von bis zu 285 Metern Länge gedeutet werden – sie wurden von Indianern vor über 2000 Jahren in die trockene Kruste der Wüste gekratzt und können während eines Fluges erkundet werden.

## Pisco

**Karte:** Seite 112/113, Planquadrat H 3.

**Anreise:** Fast stündlich kommen Busse aus Lima (3–4 Std.). Außerdem Busverbindung von/nach: u. a. Arequipa (12–15 Std.), Nazca (3 Std.).

**Unterkunft:** »Hostal El Candelabro« (Av. San Martín 1148, Ecke Callao/Pedemonte, Tel. 034/532620, Reservierung in Lima unter Tel. 01/4355135) mit ordentlichen Zimmern.
12 km außerhalb Richtung Paracas kann man in Bungalows am Meer übernachten im »Hotel Paracas« (Tel. 034/221736, Fax 2225379, Reservierung in Lima: Tel. 01/4465079) mit Pool und Restaurant. Mit eigenem Anleger, von hier auch Motorboote zu den Islas Ballestas.

**Sehenswürdigkeiten:** Die barocke Kathedrale wurde 1723 vollendet.

**Ausflüge:** **Islas Ballestas/Paracas:** Die Hotels organisieren Touren zu den Islas Ballestas (10–30 US-$ pro Person) und ihrer reichhaltigen Tierwelt. Kurz hinter Paracas liegt das Archäologische Museum Julio C. Tello mit Funden und Modellen der Paracas-Kultur (Di–So 8–17 Uhr).
**Tambo Colorado:** Zwischen Chincha Alta und Pisco zweigt (32 km südlich von Chincha) eine schlechte Straße in die Sierra Richtung Ayacucho ab. Sie führt zu den 38 km entfernt auf 530 m Höhe liegenden Ruinen von Tambo Colorado, das seinen Namen den Resten der teilweise noch erhaltenen roten, gelben und weißen Farbe verdankt, mit denen die vermutlich inkaische Anlage bemalt war. Die Archäologen sind sich uneins, ob es sich um Sonnentempelreste oder um eine ehemalige Militärbasis handelt.

## Ica

**Karte:** Seite 112/113, Planquadrat H 4.

**Unterkunft:** An der Panamericana bei Ica empfiehlt sich die Ferienanlage im andalusischen Stil »Hotel Las Dunas« (Panamericana km 300, Av. La Angostura 400, Tel. 034/231031, Fax 231007, Reservierung in Lima über 01/4424180, DZ ab 81 US-$), mit Garten, Swimmingpool, Tennisplätzen, Diskothek und Landepiste für die Kleinflugzeuge, mit denen die Nazca-Scharrbilder überflogen werden.

# REISE-INFO
# *SÜDKÜSTE*

**Sehenswürdigkeiten:** An der Plaza de Armas steht die Iglesia de la Merced mit meisterhaft geschnitztem Altar. Wichtigste Sehenswürdigkeit ist jedoch das Museo Regional de Ica mit Mumien, Schädeln und Keramiken der Paracas-, Nazca- und Inkakulturen (Mo–Sa 8 bis 19 Uhr, So 8.30–13 Uhr). Das Museum gehört zu den besten im ganzen Land.
Bekannt ist die große Privatsammlung von Steinen, die der Chirurg und Amateur-Archäologe Javier Cabrera in seinem Mueso de Gliptolitos (Plaza de Armas 170, tgl. 9–13, 16–20 Uhr) zusammengestellt hat. Der Besitzer vertritt die These, daß die Steine von einer technisch hochentwickelten Steinzeitkultur stammen, was jedoch von seriösen Wissenschaftlern bezweifelt wird. Populär wurde die Sammlung durch Erich von Däniken.

**Ausflüge:** **Huacachina:** 6 km südwestlich von Ica liegt inmitten hoher, fast weißer Sanddünen die Oase Huacachina, ein von Palmen umstandener kleiner See. Das grüne schwefel- und mineralhaltige Wasser soll gegen Rheuma und Hautleiden helfen. Dort das »Hotel Mossone« (Tel. 034/231651, Reservierung in Lima, Tel. 01/4426718) mit Restaurant.

## Nazca

**Karte:** Seite 112/113, Planquadrat I 4.

**Anreise:** Nazca erreicht man mit Kleinflugzeugen von Lima aus. Busverbindungen bestehen mit Lima und Arequipa. Mit eigenem Wagen kommt man von Cuzco über Abancay und Puquio nach Nazca (sehr schlechter Straßenzustand).

Paracas-Halbinsel: Scharrbild »Kandelaber«

**Unterkunft:** In Nazca bietet ein kleines Bungalow-Hotel gleich neben dem Flugplatz eine Unterkunft: »La Maison Suisse« (Panamericana km 447, Tel. 034/221562, Reservierung in Lima über Tel. 01/4418641; mit Pool und Restaurant). In dem älteren »Hostal Nazca Lines« (Jr. Bolognesi, Tel. 034/522293, Reservierung in Lima über Tel. 01/4423090, DZ ab 60 US-$) gibt es einen schönen Innenhof mit Swimmingpool.

**Ausgehen:** Kreolische und internationale Küche in Nazca gegenüber vom Ormeño-Busbahnhof im »La Canada«. Gute Fischgerichte bekommt man in »La Taberna« (Jr. Lima 326), abends Barbetrieb mit Musik.

**Sehenswürdigkeiten:** Museo de Sitio Maria Reiche (Panamericana km 417; Valle de Ingenio) bei Nazca: Darstellungen der Scharrbilder. Bei km 425 an der Panamericana gibt es einen Aussichtsturm. Die Scharrbilder lassen sich von dort allerdings nur schlecht erkennen. Dafür muß man sich in eine der Propellermaschinen setzen. Das »Hotel Las Dunas« (s. o., Tel. 034/234979) organisiert Flüge über die Nazca-Linien und besitzt eine eigene Landefläche.
Flüge über die Scharrbilder (ca. 40 Min.) kann man in den Hotels und bei mehreren Veranstaltern direkt am Flughafen von Nazca buchen (Preis: ca. 60 US-$). Von Lima aus fliegt Aero-Condor täglich (Juan de Arona 781, Lima/San Isidro, Tel. 01/4411354, Fax 4429487; Abflug 9.30, Rückkehr 17 Uhr).

**Ausflüge:** Nach Cuzco: Eine schwierige und nicht ganz sichere Strecke führt von Nazca über Abancay nach Cuzco. 160 km hinter Nazca gelangt man auf einer Schotterpiste nach Puquio, Militärstützpunkt und Entwicklungsprojekt von deutschen Patres sowie »Miserior«. 100 km weiter wird der Paß von Huashuaccasa (4300 m) durch eine wiesenreiche Punalandschaft erreicht, auf der man manchmal Vicuñas erblickt. Bis Abancay sind es von Nazca insgesamt 466 km und nach Cuzco nochmals 198 km. Die gesamte Strecke ist nur mit Geländewagen befahrbar, bietet jedoch herrliche Ausblicke auf eine phantastische Bergwelt. Die Beschilderung ist unzulänglich; es gibt Lagerplätze in der Nähe von heißen Quellen. Auf den Höhen ist es empfindlich kalt; nachts gibt es Frost.

Die Seelöwen-Kolonie auf der Isla San Gallan, die zum Ballestas-Archipel gehört, kann man nur vom Boot aus beobachten

Das Scharrbild »Affe« ist in ein kompliziertes Liniensystem eingebettet

Zarzillo-Vogel auf einer Ballestas-Insel

An der Plaza de Armas von Pisco steht das Rathaus

**Das Nationale Naturschutzgebiet von Paracas ist ein interessantes Ziel für Tier-Beobachter. Hier gibt es Pinguine, Meerespelikane, Peruanische Tölpel, zahlreiche Möwenarten, Albatrosse, Guano-Kormorane, Parihuanas, Piqueros, Zarzillos und andine Kondore sowie Robben, Seelöwen, Seeotter, See-Elefanten, Delphine und Wale. Von Paracas aus kann man Ausflüge in Motor- oder Ruderbooten zu den Islas Ballestas genannten Vogelinseln machen, wo sich diese Tiere aus nächster Nähe beobachten lassen.**

Kinder in den Dünen bei Huacachina

# Der wunderbare »Ort hinter dem spitzen Berg«

*Großes Foto: Brunnen im Kloster Santa Catalina in Arequipa. Kleines Foto: Indios am Straßenrand in Arequipa.*

*Arequipa liegt zu Füßen des Vulkans Misti. Deshalb nannten die Aymará-Indianer dieses Gebiet »Ort hinter dem spitzen Berg«. Die Stadt, eine Oase in wüstenhafter Umgebung, gehört mit ihren gut erhaltenen Patrizierhäusern und Barockkirchen zu den schönsten des Landes. Die erstaunlichste Sehenswürdigkeit ist das 400 Jahre alte Kloster Santa Catalina, eine Stadt in der Stadt, die erst 1970 für Besucher geöffnet wurde. Ganz in der Nähe liegt der Cañon de Colca, der sich tiefer als der Grand Canyon ins Gebirge gegraben hat.*

Kathedrale an der Plaza de Armas in Arequipa

Die Panamericana windet sich hinter Nazca hinab zum Pazifik, über dem am Morgen ein Dunstschleier liegt. Doch im Laufe des Vormittags lösen sich unter der sengenden Äquatorsonne die Nebelreste auf. Dann sind nur noch die Ausläufer der Anden jenseits der roten Sandsteinflächen in Dunst gehüllt. Stundenlang führt die »Traumstraße« durch eine nahezu menschenleere Wüste, in der der Wind weiß-gelblich schimmernde Sandhügel aufgetürmt hat. Bei Yauca wird die Einöde unterbrochen von silbergrauen Olivenhainen.

Hinter Chala, einem Fischerdorf, das zur Inka- und Kolonialzeit ein wichtiger Hafen für Cuzco war, verläuft die Panamericana wieder direkt an der Küste, entlang steiler Sandhänge und felsiger Buchten hoch über dem Meer. Unten brechen sich die hohen Pazifikwellen mit lautem Getöse. Hier schlagen sich die Meeresnebel an den Andenvorläufern nieder, die sich bis an die Küste heranschieben und nur einen schmalen Streifen der Ebene frei lassen. Steil fällt die Küste südlich der Oase von Atico zum Meer ab.

Hinter Camaná, heute ein ruhiger Badeort mit akzeptablen Stränden, während der Kolonialzeit ein wichtiger Verladeplatz für Güter nach Arequipa und zu den Silberminen nach Potosi im heutigen Bolivien, verläßt die Panamericana die Küste und steigt bis auf 1120 Meter an. In zahlreichen Serpentinen geht es hinauf in eine baum- und strauchlose Wüstenebene.

## Ritzbilder in der Wüste: Toro Muerto

Eine selten besuchte Attraktion in dieser dünnbesiedelten Region sind die Steinzeichnungen von Toro Muerto mit zahlreichen Ritzbildern der Huarí- und Chuquibamba-Kultur. Der deutsche Wissenschaftler Hans Dietrich Disselhoff hat in den sechziger Jahren wesentlich an der Freilegung und Erforschung dieser insgesamt etwa 6000 Felszeichnungen mitgewirkt. Sie zeigen abstrakte und geometrische Figuren, aber auch Abbildungen von Tieren, Menschen und Pflanzen. Überall auf einem Gebiet von knapp vier Kilometern Länge und bis zu 400 Metern Breite sieht man am Hang des Río Majes Cañon bei Corire die rötlichen vulkanischen Steinblöcke, deren Oberfläche mit dem Daumennagel einzukerben ist.

Arkadenbummel an der Plaza de Armas

Es handelt sich um Bimsstein, seine löchrige Form rührt von den heißen Gasen her, die aus der Lava entwichen sind. Daneben findet man schaumig aussehendes weißes Gestein von festerer Beschaffenheit, entstanden aus der Flüssigkeit, die vor zwei Millionen Jahren, von glühenden Gasen getrieben, in den Vulkanen hochquoll und dann außen am

Arequipa: Blick auf Brunnen und zweigeschossige Arkaden

Auf der Plaza de Armas, dem Herz der Stadt

Brunnen der Jesuitenkirche »La Compañía«, die 1698 fertiggestellt wurde

**Arequipa ist eine der schönsten Städte Perus. Und dennoch kommen Touristen nur selten in diese etwas abseits der Hauptrouten gelegene »weiße Stadt«. Diesen Beinamen hat sie von dem weißen Tuffstein, aus dem viele Bauten Arequipas errichtet wurden.**

Berg hinablief, mit Geschwindigkeiten von bis zu 100 Stundenkilometern. Die Einheimischen nennen dieses Tuffgestein »Sillar«. Es ist häufig hier im »Tal der Vulkane« mit seinen 86 vulkanischen Bergen.

## Arequipa: »weiße Stadt« zu Füßen der Vulkane

Das Zentrum der Region und die zweitgrößte Stadt Perus ist Arequipa. Eine Legende erzählt, daß der Inka-General Mayta Cápac (ca. 1290–1320) der Stadt ihren Namen gegeben haben soll. Er soll das Tal Arequipa genannt haben, was in Aymará der »Ort hinter dem spitzen Berg« und in Ketschua »Bleibt hier« bedeutet.
Pizarros Hauptmann Don Garcían Manuel de Carbajal war von der »Stadt mit dem ewigen Frühling« so begeistert, daß er die bestehende Inkasiedlung am 15. August 1540 als »Muy noble, muy leal y fidelísima Ciudad de la Asunción de Nuestra Señora del Valle Hermoso de Arequipa« neu gründete.
Arequipa ist fast ausnahmslos aus dem weißen, leichten und weichen Gestein erbaut worden, das der Vorgänger des heutigen Vulkans Misti ausstieß. La Ciudad Blanca, die »weiße Stadt«, wie sie

auch bezeichnet wird, weil die meisten Häuser aus den weißen Adobes erbaut sind, wird umrahmt von den Vulkankegeln des Misti (5835 m), des Chanchani (6079 m) und des Pichupichu (5669 m) und liegt in der Talmulde des Río Chili. Die 670 000-Einwohner-Metropole besitzt noch zahlreiche Patrizierhäuser aus dem 18. Jahrhundert mit schöner Kolonialfassade und großen Innenhöfen, herrlichen vergitterten Fenstern und massiven geschnitzten Holztüren. Obwohl zahlreiche Erdbeben, zuletzt 1958 und 1960, der Stadt erheblichen Schaden zugefügt haben, zählt Arequipa mit seinem gleichmäßigen und trockenen Klima zu den angenehmsten Städten Perus.

Die wohl erstaunlichste Sehenswürdigkeit Arequipas ist der 400 Jahre alte gewaltige Komplex des Klosters Santa Catalina – eine mittelalterliche Stadt in der Stadt mit Gassen, Brunnen und Plätzen. Das 1580 gegründete, erst seit 1970 der Öffentlichkeit zugängliche Kloster hatte die strengsten Aufnahmebedingungen aller Klöster Perus. Die Novizinnen mußten spanischer Abstammung sein und eine beträchtliche Mitgift hinterlegen, um dem Orden beitreten zu können.

## Santa Catalina: Symbol für Macht und Reichtum des Klerus

Der starke Einfluß der katholischen Kirche ist in Peru bis heute spürbar, unterlag allerdings im Laufe der Zeit starken Wandlungen. Bereits in der Gefolgschaft Pizarros befand sich der Pater Fray Vicente de Valverde, der spätere erste Bischof von Cuzco. Wie aus Aufzeichnungen von Augenzeugen hervorgeht, waren Vertreter der katholischen Kirche nicht nur an der Missionierung, sondern auch an der Verteilung der geraubten Schätze maßgeblich beteiligt. Prächtige Gotteshäuser legen noch heute Zeugnis vom Wohlstand und der regen Bautätigkeit der christlichen Missionare ab. Doch bereits im 16. Jahrhundert protestierte der Priester Don Bartolomé beim spanischen König gegen die unmenschliche Behandlung der Indios und schlug vor, sie durch Schwarze zu ersetzen, weil diese widerstandsfähiger bei der Fronarbeit seien. Um die Indios vor der Ausrottung zu retten, sei es notwendig, die Sklaverei einzuführen. Damit begann allerdings der transatlantische Sklavenhandel, der Millionen Schwarze in das Elend trieb

Verzierter Hausbogen der Casa Urgateche, die 1738 als Schule errichtet wurde

Kloster Santa Catalina: kostbare Holztür... ...und Klosterkirche (unten)

**Eine der interessantesten Sehenswürdigkeiten Arequipas ist das Kloster Santa Catalina. Fast 400 Jahre blieb der Öffentlichkeit weitgehend verborgen, was hinter den hohen Tuffmauern geschah. Erst 1970 wurde das frisch renovierte, 1580 gegründete Kloster der Allgemeinheit zugänglich gemacht. Es gehörte dem Dominikanerorden und war nur für Novizinnen mit einer reichen Mitgift offen. Zeitweise lebten dort 150 Nonnen und 400 Dienstmädchen, heute bewohnen die Anlage nur noch etwa 30 gläubige Frauen, einige Räume wurden an Geschäftsleute vermietet.**

Einer der Innenhöfe des insgesamt 20 000 Quadratmeter großen Klosters Santa Catalina

Am Ende der Calle Toledo befindet sich der Waschplatz der Nonnen

Hinter den Mauern der Calle Córdoba liegt der noch heute aktive Klosterteil

und vielen Afrikanern das Leben kostete. Auch in Peru wütete die Inquisition, später entstand in Südamerika die »Theologie der Befreiung« mit dem Ziel, neue Wege des gelebten Glaubens in direktem Kontakt mit den Indios umzusetzen. Diese in den fünfziger Jahren besonders populäre religiöse Auffassung wird inzwischen zwar auch vom Vatikan akzeptiert, aber bevorzugt werden die konservativen Bischöfe und ihre Gefolgsleute. Der Staat Peru ist zwar religiös neutral, doch die katholische Kirche ist immer noch auf verschiedene Weise privilegiert.
Als Höhepunkt einer Reise nach Arequipa gilt der Abstecher in den Colca Cañon, der sich tiefer als der Grand Canyon in Arizona (USA) ins Gebirge eingegraben hat. Seit der spanische Pilot Gonzalo de Reparaz 1954 das Tal zufällig entdeckte, gilt der Ausflug hierher als touristisches Spektakel.

## Der Schatz der Indios: Alpacas, Lamas und Vicuñas

Bereits die Anreise ist ein Erlebnis. Von Arequipa geht es zunächst in Richtung Norden über eine kurvenreiche asphaltierte Straße, die an den Vulkanen Misti und Chanchani vorbeiführt. Auf der Pampa de Sihuas, einer 4000 Meter über dem Meeresspiegel gelegenen Hochebene, kann man nicht nur Lamas mit

ihren großen, spitzen Ohren beobachten, sondern auch die kleineren Alpakas, die wie Schafe mit einem langen Hals aussehen und die begehrte Wolle liefern. Mit etwas Glück sind auch einige der recht seltenen Vicuñas zu entdecken. Diese Tiere leben gewöhnlich in der baumlosen Puna auf über 4000 Metern Höhe, aber unterhalb der Schneegrenze. Sie liefern ausgesprochen feine, sehr teure Wolle – pro Tier nur etwa 200 Gramm im Jahr. Deshalb und weil ihr Fleisch sehr schmackhaft ist, wurden sie rücksichtslos bejagt. 1990 gab es in Peru nur noch etwa 15 000 Vicuñas, die bei den Inkas als Statussymbol nahezu kultische Bedeutung besaßen.
Inzwischen hat sich der Bestand erholt: Die teure Wolle darf nun unter strengen Auflagen weltweit vermarktet werden – den Löwenanteil des Geschäfts haben sich die Dörfer des Hochlandes gesichert. Deshalb schützen die Bauern die Tiere vor Wilderern, Rinder und Schafe wurden von den angestammten Weideflächen der kleinsten »Neuweltkamele« vertrieben.

Am Paß von Patapampa bietet sich ein herrlicher Blick auf die Vulkane Ambato und Sabancaya, der seit 1990 wieder aktiv ist und alle 20 Minuten riesige Aschefontänen in die Luft spuckt. Von der ungeheuren Kraft, die hier im Erdinnern gespeichert ist und sich durch Vulkanausbrüche und Erdbeben gewaltsam entlädt, künden die vielen zerstörten Dörfer am Wege, zum Beispiel Yanque und Maca. Hinter dem Paß endet die Puna, und es öffnet sich ein Panorama auf die tiefeingeschnittene Schlucht des Colca Cañon.

## Die spektakulärste Schlucht Perus: Colca Cañon

Die Provinzhauptstadt Chivay am Río Colca ist Ausgangspunkt für einen Besuch des Colca Cañons, einer 30 Kilometer langen und mehrere Kilometer breiten fruchtbaren Einbuchtung, die sich nur nach Südosten hin zu einer Schlucht verengt. Alle Häuser in Chivay sind unverputzt, mit Stroh bedeckt und gegen das grelle Sonnenlicht komplett abgedichtet. Sehr farbenprächtig ist die Kleidung der Frauen und Mädchen, deren Lippen durch die intensive ultraviolette Sonneneinstrahlung oft aufgerissen sind und deren Wangen manchmal wie entzündete Brandwunden aussehen.

6000 Hektar Terrassenanlagen bedecken die Hänge des Colca Cañon

Andendorf Cabanaconde

Indiofamilie (unten)

**Vom Cruz del Condór bietet sich ein beeindruckender Blick auf den über 1200 Meter tiefer dahinströmenden Río Colca. Dort hat der Fluß eine kilometerlange Schlucht in die Vulkanmassive geschnitten, die zu den tiefsten der Welt gehört. Von dem Aussichtspunkt lassen sich aber auch gelegentlich Anden-Kondore beobachten – am besten am frühen Morgen oder in der Abenddämmerung. Erst seit 1975, als eine Schotterpiste am südlichen Rand des Colca entstand, ist die Region für Touristen zugänglich. Sie gehört mit ihren rund 6000 Hektar Terrassenanlagen zu den wichtigsten Agrargebieten Perus.**

Blick vom Cruz del Cóndor in den Colca Cañon

Durch die Steinwüste geht es zum Colca Cañon

Hinter Maca wird die Szenerie immer spektakulärer. Die Hänge des Cañons sind von 6000 Hektar Terrassenfeldern bedeckt. Sie breiten sich auf der gegenüberliegenden Talseite zwischen den Dörfern Lari und Madrigal aus. In die mit einfachem Grabstock und Holzhacke gezogenen Furchen werden Mais, Maniok, Bohnen und Kartoffeln gepflanzt. Die Anden sind die Heimat der Kartoffel; die Indios haben aus den zahlreichen Wildformen über 700 verschiedene Sorten gezüchtet, von denen einige bis hinauf in Höhen von 5000 Metern gedeihen.
Zwischen Maca und dem Dorf Pinchollo, das von einer stattlichen Kolonialkirche inmitten unansehnlicher Wellblechhütten beherrscht wird, steigt die Straße wieder auf 3600 Meter Höhe und wird von meterhohen Kandelaberkakteen und blühenden Opuntien gesäumt.
Der Höhepunkt des Colca Cañon ist das Cruz del Cóndor, von dem man 1200 Meter tief in die Schlucht hinunterblicken kann. Manchmal kann man hier auch die Kondore beobachten, die sich von thermischen Aufwinden in Höhen von bis zu 5000 Metern tragen lassen und dann ihren Gleitflug an die über 100 Kilometer entfernte Küste beginnen. Nirgendwo sonst auf der Welt ist es möglich, diesen bis zu elf Kilo schweren und mit einer Flügelspannweite von bis zu 3,25 Metern ausgestatteten Riesengeier in freier Natur so zu erleben.

## Der mysteriöse Riesengeier aus den Anden

Um den Kondor ranken sich viele Geschichten und Mythen. Er wurde schon während der Chavín-Kultur als heiliges Tier verehrt, bei den Inkas galt er als Bote zwischen Himmel und Erde, zwischen Göttern und Menschen. Kreist ein Kondor über einem Dorf, bedeutet dies

auch heute noch nach der Vorstellung vieler Indios, daß einer der Honoratioren des Ortes sterben wird. Überfliegt er hingegen die Bauern bei ihrer Feldarbeit, gilt dies als ein gutes Zeichen.
Eine Woche lassen Kondore einen Kadaver »reifen« – nicht ohne die Umgebung sorgfältig zu beobachten. Dann beginnt das Mahl, bei dem die Tiere oft derart viel fressen, daß sie kaum noch vom Boden abheben können. Diesen Umstand nutzen die Indios bei ihrer Jagd auf die Kondore, indem sie einen Tierkadaver auslegen und warten, bis die Aasfresser flugunfähig geworden sind, um sie dann einzufangen.

## Arranque del Cóndor und Yawar-Fest: Kulte um den Kondor

Unter europäischem Einfluß entwickelten sich in den Anden zwei Feste, bei denen Kondore im Mittelpunkt des Geschehens stehen. Beim Arranque del Cóndor, in einigen peruanischen Dörfern während einer Fiesta abgehalten, wird der spanische Ursprung deutlich. Ein Kondor wird als Symbol indianischer Kultur von zwei Männern hochgehalten, während mehrere Reiter vorübertraben und das Tier mit Schlägen der bloßen Hand zu Tode prügeln.
Zum Schluß reitet der Mann, der den letzten Schlag ausgeteilt hat, heran und beißt dem Kondor die Zunge ab. Wahrscheinlich geht dieser grausame Brauch auf die spanischen Eroberer zurück, die damit ihre Überlegenheit über einen indianischen Gott, verkörpert durch den Kondor, beweisen wollten.
Während des Yawar-Festes demonstrieren die Indios ihre Überlegenheit gegenüber den spanischen Eroberern dadurch, daß sie in manchen Gebieten um Cuzco einen Kondor mit seinen scharfen Krallen auf den Rücken eines Stieres binden.
Der Stier als Symbol der Spanier tobt im Ring umher, und jedesmal, wenn er versucht, den Kopf zu wenden, hackt der Kondor nach seinen Augen und Ohren. Da Kondor und Stier jedoch aneinandergefesselt sind, bekämpfen sie sich bis aufs Blut. In der Vergangenheit war dies oft ein Kampf auf Leben und Tod, heute wird er vorher beendet. Trotzdem sind die Zuschauer bei diesem Condor-Riti-Fest außer sich vor Erregung. Der Kondor wird als Symbol der siegreichen Indios später wieder freigelassen.

Vicuñas in der Pampa de Cañahuas: Inzwischen ist der Bestand dieser Tierart nicht mehr bedroht

Viele Quadratkilometer weit bedecken Grasbüschel die trockene Pampa de Cañahuas

Alpakas werden wie Lamas als Haustiere gehalten und gelten als »Schafe unter den Kleinkamelen«

## Arequipa

# REISE-INFO *AREQUIPA*



**Karte:** Seite 112/113, Planquadrat I 6.

**Anreise:** Mit dem Flugzeug u. a. von/nach Lima (75 Min.), Cuzco (35 Min.), Juliaca (25 Min.); Flughafen Rodriguez Ballón, 7 km nordwestlich von Arequipa. Mit der Bahn mehrmals wöchentlich nach Juliaca (Nachtzüge, 12 Std.), Bahnstation Estación de Ferrocarril (Verlängerung der Calle Alvarez Thomas, Reservierung Tel. 054/223600). Busse mehrmals tgl. von/nach Nazca und Lima (10 Std.), regelmäßig Juliaca, Tacna und Chivay, Busstation Terminal Terrestre (Av. Avelino Cáceres), 3 km vom Stadtzentrum.

**Unterkunft:** Das frühere »Hotel de Turistas« wurde renoviert und bietet heute als »Hotel Libertador« (Plaza Bolívar, Selva Alegre 218, Tel. 054/215110, Fax 241933, DZ ab 100 US-$) 70 luxuriöse Zimmer, Garten, Pool und Restaurant. Sehr gute Zimmer in einem Neubau und ruhiger Lage offeriert »La Maison d'Elise« (Av. Bolognesi 104, Tel. 256185, Fax 253343). Das Hotel verfügt über einen Pool und ein gutes Restaurant. Die 1997 eröffnete »Posada del Monasterio« betritt man durch einen Torbogen mit schmiedeeisernen Gittern; das alte Kolonialgebäude ist geschmackvoll renoviert; durch eine Disco nachts etwas laut (Tel./Fax 215705).

**Ausgehen:** Internationale Küche von hoher Qualität, allerdings mit entsprechenden Preisen, bietet »Le Paris« (Jr. Mercaderes 228). Kreolische Gerichte servieren »El Pero« (Ricoleta 228, Tel. 253388) und »El Menú« (Portal de la Municipalidad 124, Tel. 212310). »La Tradición« (Arequipa/Av. Dolores 111, Tel. 242385) bietet auch Meerschweinchen. Ein beliebtes Café, wo man Kuchen oder Eis und einen köstlichen Cappuccino oder herrliche Fruchtsäfte trinken kann, ist »Café Manolo« (Jr. Mercaderes 113). Gute Peña-Musik mit Folklore findet man in der Peña »El Sillar« (Claustro de la Compañía, Jr. Jerusalén 204) sowie in »Las Queñas« im Kloster Santa Catalina (Jr. Catalina 302, Tel. 215468, So geschl.). Lateinamerikanische Folklore und karibische Musik gibt es bei »Romie« (Zela 202, Plaza San Francisco, Tel. 234465).

**Sehenswürdigkeiten:** Das Herz der Stadt ist die Plaza de Armas (Karte Seite 60, Planquadrat B 2), die an drei Seiten von zweistöckigen maurischen Arkaden umsäumt wird. Der Blick über den mit Brunnen, Bänken und Palmen bestandenen Platz, wo die Einheimischen ihre Siesta verbringen, bleibt unweigerlich am mächtigen schneebedeckten Chanchani (6079 m) hängen. An der Rückseite der Kathedrale (La Catedral, s. u. »Kirchen«) befindet sich eine Passage mit Kunst- und Andenkengeschäften.
In Arequipa gibt es zahlreiche Kolonialhäuser aus dem 18. Jh. mit massiven geschnitzten Holztüren und vergitterten französischen Fenstern. Besuchenswert sind vor allem die Casa Ugarteche (auch Casa Ricketts; Calle San Francisco 108, B 2), die 1738 als Schule erbaut wurde und heute der Banco Continental gehört. Durch die Passage hinter der Kathedrale kommt man links in der Calle Santa Catalina 101 zur Casa Iriberry (B 2), die als Musterbeispiel für die einst üblichen Residenzen reicher Familien in Arequipa gilt. Die 1793 erbaute Residenz mit weiten Innenhöfen ist heute ein Teil der Universität. In der Calle La Merced befindet sich die Casa Goyoneche (B 4).
In der gleichen Straße erhebt sich die weiße Iglesia La Merced (B 3, 1740 rekonstruiert) mit einem fein ausgearbeiteten Sillarportal und einem Altar mit üppigem barocken Goldschmuck (tgl. 7–8, 18–19 Uhr). Sehenswert sind auch die Casa de la Moneda (B 2), die 200 Jahre alte ehemalige Münzanstalt, und die Casa del Moral (Calle del Moral 318, B 2), die nach dem Maulbeerbaum im Innenhof benannt ist. Die schmiedeeisernen Gitter vor den Fenstern und die doppelten Simse darüber sind hervorragende Beispiele der barocken Architektur Arequipas.

Agrarterrassen im fruchtbaren Colca Cañon

**Kirchen:** Die 100 m lange Kathedrale (B 2, La Catedral, tgl. 7–10, 17–20 Uhr) im Renaissancestil (1621 erbaut) nimmt mit den beiden wuchtigen Türmen die gesamte Nordseite der Plaza de Armas ein und mußte nach Zerstörung durch Feuer und Erdbeben im 19. Jh. gleich zweimal wiederaufgebaut werden. Äußerlich zunächst enttäuschend, birgt sie im Inneren einen Hauptaltar aus Carrara-Marmor, eine geschnitzte französische Holzkanzel und die aus Belgien stammende große Orgel.
In der Nähe der Plaza de Armas befindet sich das Glanzstück der Arequipa-Architektur: die 1698 fertiggestellte Jesuitenkirche La Compañía (B 3) mit einer reich verzierten Vorderfront im plateresken Stil. Die vergoldeten Haupt- und Nebenaltäre im Barockstil sind ebenso sehenswert wie eine Gemäldekollektion im Cuzco-Stil. Der kleine Kuppelbau der ehemaligen Sakristei (St.-Ignatius-Kapelle) beeindruckt durch farbenprächtige Fresken in Form von Pflanzenornamenten an den Wänden (tgl. 9–13, 15–18 Uhr). Zur Kirchenanlage gehört auch das 1974 renovierte Claustro Jesuito, das einen Kreuzgang mit barocken Verzierungen sowie reichdekorierte Säulen, Bögen und Pfeiler aus Tuff vorzuweisen hat.
In der selben Straße weiter östlich liegt die Iglesia Santo Domingo (C 3) aus dem späten 17. Jh. Bemerkenswert sind der reich verzierte Haupt- und Nebeneingang, der Chor im spanisch-indianischen Baustil (1677) und der Klosterhof mit hohen Palmen.
An der Plaza San Francisco mit Jacaranda-Bäumen stehen Kirche und Kloster San Francisco (B 2, Iglesia y Monasterio San Francisco). Das Innere der außen schmucklosen Kirche enthält mächtige Pfeiler und Gewölbe aus Ziegelsteinen und Sillar. Der Hauptaltar ist aus Silber.

**Kloster Santa Catalina:** Das 1580 gegründete Kloster bildet eine Stadt in der Stadt und erstreckt sich mit seinen Straßen und Plätzen über 20000 qm. Der Rundgang durch die Klosterstadt ist mit Pfeilen markiert, auf der Eintrittskarte befindet sich ein Plan (B 2; tgl. 9–17 Uhr).
**Rundgang:** An den Besucherzellen für die Nonnen vorbei gelangt man, hinter einem Hof mit ockerfarbenen Wänden gelegen, zum Kreuzgang der Novizinnen (Claustro Novicias). Daran schließen sich der jetzt in leuchtendem Blau gehaltene Orangenkreuzgang (Claustro de los

Naranjos), dessen Wände mit Gemälden mythischen Inhalts dekoriert sind, und ein Innenhof an. Von der Calle Málaga geht es zu einem kleinen Museum in der Calle Zurbarán, der früheren Krankenstation. Die reizvolle Calle Córdoba führt aus dem engeren Klosterbereich hinaus. In einer langen Reihe brauner Häuschen mit meist nur einem Schlafraum und einer Küche hatten die Nonnen ihre Quartiere. Am Ende der Calle Toledo, wo ebenfalls Nonnen lebten, stößt man auf den Waschplatz und die Zitadelle. Die anschließende Calle Granada gibt den Blick frei auf die weiße Kuppel der Kirche, die hier alle Gebäude überragt.
Die kleine Cafeteria in der Calle Sevilla mit Bogengängen und Treppen ist der geeignete Ort, um bei einem Getränk das Gesehene auf sich wirken zu lassen. Der Rundgang führt nun wieder zur Kreuzung Calle Burgos, Calle Sevilla, Calle Granada zurück und zur Hauptküche (1871). Danach geht es über die Plaza Socodobér mit einem kunstvollen Brunnen, vorbei am Bad in einem Eckhaus, zum Refektorium, dem Speisesaal der Nonnen. Nachdem man von einer Treppe oberhalb der kleinen Beichtzellen noch einen schönen Blick auf Teile des Klosters hatte, führt der Rückweg in den ockerfarbenen Innenhof des Hauptklosters. Den Abschluß bildet das Klostermuseum mit Gemälden aus dem Leben der Heiligen Catalina. Für die Besichtigung sollte man mindestens zwei Stunden veranschlagen.

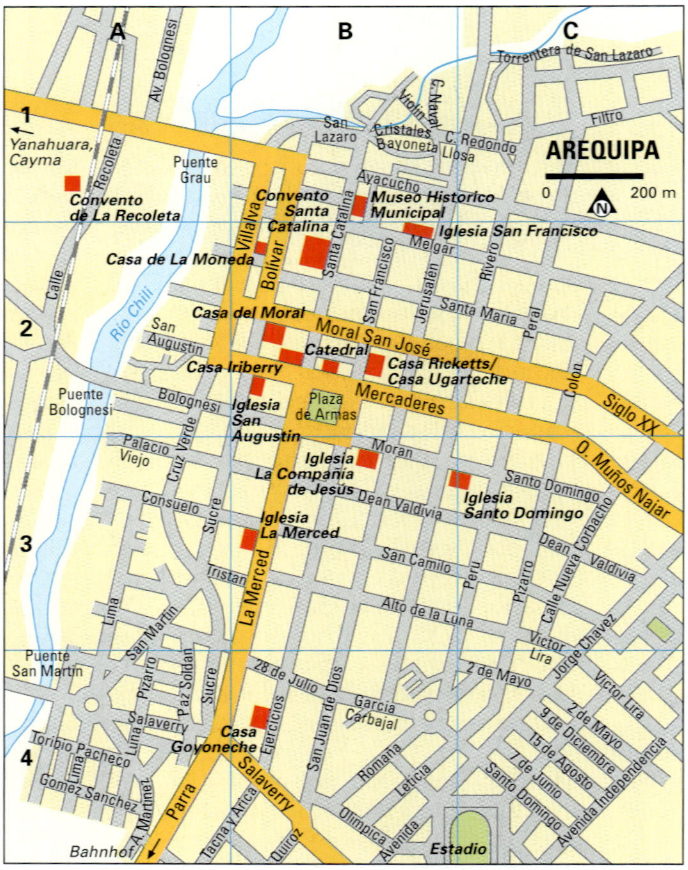

Mit 670 000 Einwohnern ist Arequipa die zweitgrößte Stadt Perus

**Museen:** Museo Histórico Municipal: Ausstellung zur Stadtgeschichte (B 1, Mo bis Fr 8–18 Uhr). Museum im Fundo del Fierro (B 2; bei der Iglesia San Francisco): Gezeigt wird Arequipas republikanische Vergangenheit, u. a. mit Uniformen.

**Ausflüge:** Steinzeichnungen von **Toro Muerto**: Die Tuffsteinblöcke mit insgesamt 6000 eingeritzten und eingeschabten Petroglyphen zeigen Lamas, Kondore, Pumas, Guanakos sowie Tänzer und Krieger. Die Angaben über das Alter der Zeichnungen differieren (u. a. Huarí-Kultur 600–1200 n. Chr., Chuquibamba 1200 n. Chr.).
**Laguna Salinas:** Am Fuß des Vulkans Ubinas (5670 m) und 64 km östlich von Arequipa finden sich an dem Salzsee im Juni/Juli Flamingos ein.

**Einkaufen:** Arequipa ist bekannt für Strickwaren aus Alpaka-Wolle und Arbeiten aus weißem Tuffstein. Außerdem kann man Lederarbeiten und Silberschmuck erwerben. Tip: »Alpaca III« (Jerusalén 115) für Alpaka-Wollsachen.

**Information:** Oficina Turística, Plaza de Armas, Portal de la Municipalidad 112, Tel. 054/211021, Mo–Fr 8–17 Uhr. Policía de Turismo, Calle Jerusalén 317, Tel. 239888, tgl. 24 Std. Zudem gibt es eine 24-Stunden-Hotline für Touristen: Tel. 212054 (englisch).

## Cañon de Colca

**Karte:** Seite 112/113, Planquadrat I 5.

**Anreise:** Viele Reisebüros in Arequipa bieten organisierte Tagesausflüge an (18 bis 20 US-$, Abfahrt 4 Uhr, Rückkehr 19 Uhr; dort und in Chivay können auch Rafting-Touren durch den Cañon gebucht werden; ab 15–25 US-$). Bei eigener Anreise mit dem Bus (ab Arequipa; Abfahrt sehr früh, Fahrzeit ca. 7 Std.; Fahrer halten nach Aufforderung am Cruz del Cóndor) sind für den Ausflug mindestens zwei Tage einzuplanen. Ganz Eilige können auch per Flugzeug anreisen: Colca-Cañon by Air (Direktflug 8.30 Uhr nach Chivay, Tel. 242030, Fax 246586).

**Unterkunft:** In Chivay gibt es das einfache »Hostal Posada del Inca« (Av. Salaverry 325, Tel. 054/210231) mit Restaurant (langsamer Service) und das 1997 errichtete stilvolle »Hotel Rumi Llacta« (Huayna Capác, Tel. 521098), in Naturbauweise errichtet.

Ebenfalls aus weißem Sillargestein erbaut wurden Kirche und Kloster San Francisco

Unterhalb des 5835 Meter hohen Nevado Misti erstreckt sich die Pampa de Cañahuas

Portal der Iglesia Santo Domingo

Farbenprächtige Deckenmalereien in der Jesuitenkirche La Compañía

Auf der Plaza de Armas von Arequipa

Arequipa liegt am Rand einer 200 Kilometer langen Vulkangebirgskette. Gleich hinter der Stadt erheben sich die Vulkane Misti, Chachani und Pichupichu. Immer wieder zerstörten Erdbeben und Eruptionen Teile der Stadt, die 1540 von den Spaniern an der Stelle einer früheren Inka-Siedlung gegründet wurde und im 17. und 18. Jahrhundert ihre Blütezeit erlebte. Aus dieser Epoche stammen zahlreiche aus weißem Tuffstein errichtete Kolonialbauten. Lange galten die Sillar-Mauern als erdbebenfest – doch auch sie bröckeln unter den bis zu 20 Erdstößen am Tag.

La Compañía: Wasserspeier im Jesuitenkloster

# Binnenmeer zwischen Himmel und Erde

*Großes Foto: Indio-Frauen mit Schilfbooten auf dem Titicacasee. Kleines Foto: Musiker und Tänzer in Ichu.*

*In einer Höhe, in der europäische Besucher schnell nach Luft schnappen, liegt der über 8000 Quadratkilometer große Titicacasee: Das Binnenmeer breitet sich 3810 Meter über »Normalnull« aus – und damit fast 900 Meter über der Zugspitze. Hier ist die indianische Vergangenheit noch lebendig. Höhepunkt ist ein Ausflug zu den schwimmenden Inseln der Uros. Puno, das Zentrum der Region, bildet den Ausgangspunkt für eine Bahnreise nach Cuzco über den Altiplano, eine faszinierende Hochgebirgslandschaft.*

Nur wenige Namen wecken so viele Assoziationen wie der Titicacasee mit seinen »schwimmenden Inseln«. Der tiefblaue See, dessen Name sich aus den Aymará-Wörtern »titi« (Tiger) und »kak« (Felsen) herleitet, ist ein gewaltiges, bis 281 Meter tiefes Binnenmeer. 3810 Meter liegt das Gewässer über dem Meeresspiegel – und wird deshalb meist als »höchstgelegener schiffbarer See der Welt« gepriesen. Es gibt allerdings noch verschiedene weitere Seen, die sich weiter oben in den Bergen verstecken und ebenfalls mit kleinen Booten befahren werden können. Der recht große Lago de Junín etwa liegt über 4000 Meter hoch, doch ist er kaum bekannt, obwohl er als Nationalpark unter Schutz steht.
Der Himmel strahlt in dieser alpinen Höhe tiefblau und spiegelt sich in dem See, der mit einer Gesamtfläche von rund 8300 Quadratkilometern mehr als fünfzehnmal so groß ist wie der Bodensee. Und weil die Luft hier so klar ist, verschätzt man sich leicht in den Entfernungen. Mit etwa 10 Grad ist das Wasser viel zu kühl zum Baden, aber Lachse und Forellen und viele andere Fischarten fühlen sich hier wohl. Die Aymará-Frauen, die anstelle der seit Jahrzehnten ausgestorbenen Uros heute rund um den Titicacasee leben, räuchern Carachi, eine kleine Fischart, oder legen Süßwasserraubfische, Pejerrey, zum Trocknen in der Sonne aus.

## Alltag am Titicacasee und auf den schwimmenden Inseln

Für die Menschen war der Alltag in dieser Hochgebirgsregion schon immer mühsam und entbehrungsreich, denn obwohl die Böden hier fruchtbarer sind als in anderen Teilen des Altiplano, machen Überschwemmungen und Dürrekatastrophen sowie eisige Wintertage das Leben zur Qual. Erst 1985/86 gab es zahlreiche Tote, wurden 40000 Menschen obdachlos, als die meisten Inseln und Küstenorte überschwemmt wurden. Die Uros, die Ureinwohner der Region, nannten sich »Seemenschen«, besaßen eine dunkle, fast negroide Hautfarbe und waren überzeugt, schwarzes Blut zu besitzen. Sie glaubten auch, daß sie wegen dieses besonderen Blutes nicht ertrinken würden und als einzige in der Lage wären, die kalten und feuchten Nächte auf ihren »schwimmenden Inseln« aus Binsen zu überstehen.

Aymará-Mann beim Zuschneiden von Schilf

Indio-Frauen verkaufen auf einer der schwimmenden Inseln im Titicacasee Souvenirs

Nicht einmal die Inkas schafften es, dieses stolze Volk zu unterwerfen. Die Uros entgingen den Tributforderungen durch Rückzug in das undurchdringliche Schilfgewirr des Titicacasees.
Der Überlieferung nach sollen die Inkas eine 2000 Kilogramm schwere, faustdicke Kette aus purem Gold im See versenkt haben. Mit dem Schatz sollte der Inkaherrscher Atahualpa von den Spaniern ausgelöst werden. Da der König bereits hingerichtet worden war, ließen die Inkas das kostbare Stück »verschwinden«. Doch niemand konnte den Goldschatz bisher entdecken. Selbst der berühmte, inzwischen verstorbene Ozeanograph Jacques Cousteau konnte trotz wochenlanger Suche mit Mini-U-Booten kein

Indios auf dem Titicacasee vor Puno

Kaum touristisch erschlossen ist die Insel Amantaní (unten)

Seit Jahrhunderten verwenden die Indios am Titicacasee Schilfboote (unten)

**Weite Teile des Titicacasee-Ufers sind bedeckt von Totora-Stauden, einer Binsenart. Aus Bündeln dieser hohlen Pflanze werden seit Jahrhunderten Schilfboote gefertigt. Mit ihnen segeln die Indios über das Binnenmeer oder bewegen sich im flachen Uferbereich stakend vorwärts. Drei Tage dauert die Herstellung eines Balsa de Totora, das nach etwa einem halben Jahr erneuert werden muß.**

Gold finden. Das einzige, was er nach seiner Expedition der Weltöffentlichkeit vermelden konnte, war die Entdeckung einer bis dahin unbekannten 60 Zentimeter langen dreifarbigen Froschart.

Der Legende nach ließ der Sonnengott seine Kinder, Manco Cápac und dessen Schwestergemahlin Mama Ocllo, aus den kühlen Wassern des Titicacasees aufsteigen, um in Cuzco die Dynastie der Inkas zu gründen. »Es gab früher eine Zeit, in der die Erde finster dalag. Die Menschen litten unsäglich unter dem Mangel an Licht und richteten Klagen und Gebete an ihre Götter«, kann man beim spanischen Chronisten Pedro Cieza de los Reyes nachlesen. »Da stieg über dem See Titicaca in voller Pracht die Sonne auf, und alle brachen in großen Jubel aus.«

Verschiedene Erzählungen der Indios schildern sehr anschaulich, wie der Schöpfergott Conticiviracocha (auch Viracocha genannt) nach der Erschaffung des Lichts die Indiostämme Perus auf die Welt brachte, indem er sie in Tihuanaco am Titicacasee in Stein vorformte und sie dann durch zwei Gehilfen endgültig zum Leben erweckte.

Über dem tiefblauen See hängen watteähnliche Wölkchen. In Ufernähe erstrek-

Ichu: Vor der Kirche stehen die Heiligenfiguren San Pablo und Santiago

ken sich duftende Eukalyptuswälder. Jenseits des Sees leuchten in der Ferne die weißen Gipfel der Cordillera Real. Der Titicacasee ist berühmt für seine Sonnenauf- und -untergänge, die man besonders gut vom »Hotel Isla Esteves« auf der Halbinsel Esteves beobachten kann. Dann leuchtet der Himmel in einem tiefen Scharlachrot – und eine unangenehme Kälte legt sich über das Land.

## Puno – Zentrum der Region und gefürchtete Hochgebirgsstadt

Ausgangspunkt für Ausflüge zum Titicacasee ist Puno. Die Stadt wurde 1668 gegründet, weil man in der Nähe Silberminen entdeckt hatte. Der Ort ist nicht nur wegen seiner Höhenlage von 3855 Metern gefürchtet, sondern auch wegen der nächtlichen Kälte, die manchen Touristen in den ungeheizten Räumen billiger Hotels zusetzt. Das Stadtbild wirkt mit Ausnahme der Kathedrale an der Plaza de Armas wenig ansprechend.

Etwas ganz Besonderes sind dagegen in der Nähe der 80000-Einwohner-Stadt die »schwimmenden Inseln« der

**Am Titicacasee leben überwiegend Aymará-Indios. Sie gelten als besonders traditionsverbunden und haben dem größten Ort an dem Binnenmeer, Puno, den Ruf als »Folklore-Hauptstadt« Perus verschafft. Das ganze Jahr über finden ausgedehnte Folklore-Feste statt. Besonders farbenprächtig sind die Fiesta Diablada in der Karnevalszeit und die Puno-Woche im November, die zur Erinnerung an die sagenumwobene Ankunft von Manco Cápac und Mama Ocllo gefeiert wird. Der Höhepunkt des einwöchigen »Teufelsmaskenfestes« ist der Rosenmontag, wenn die Tänzer durch die engen Gassen Punos toben und die verschiedenen Tanzgruppen miteinander in musikalischen Wettstreit treten. Dazu bläst die »Teufelsband« im typischen Diablada-Rhythmus gehörig auf.**

Gläubige vor der Kirche in Ichu bei Puno

Bei Puno stehen zahlreiche Boote für eine Fahrt auf den Titicacasee bereit

Schilfboot während des Festes für Manco Cápac

Zum Heiligenfest in Ichu Anfang November kommen auch die Händler aus der Umgebung

Uros. Die meisten Schilfinseln befinden sich in der Bucht zwischen Puno und der Capachica-Halbinsel. Doch nur, wenn zwischen April und Dezember, der Regenzeit, der Wasserspiegel im See steigt, erheben sich die etwa 70 bis 90 Eilande aus dem Wasser. Manche, wie Torani Pata, sind bis zu 2300 Quadratmeter groß, und es stehen mehrere Gebäude, auch eine Schule, darauf.

Die Inseln aus fest verschnürten Schilfrohrbündeln müssen regelmäßig erneuert werden, denn nach sechs bis zwölf Monaten haben sie sich mit Wasser vollgesogen und beginnen zu faulen. Doch immer mehr Menschen, vor allem die jüngeren, wollen nicht mehr in den unkomfortablen, einfachen Behausungen leben und ziehen lieber aufs Festland. Zur Zeit sollen nur noch etwa 300 Menschen »auf See« wohnen. Und die vielgepriesene Ursprünglichkeit ist nur noch ein Mythos: Für die Urlauber wurden eigens Touristeninseln eingerichtet, wo Verkaufsshows inszeniert werden. Natürlich sind die kunsthandwerklichen Arbeiten dort teurer als in Puno.

## Ausflug zu den Indios von Taquili und Amantaní

Man kann noch zwei größere Inseln mit einem Boot aufsuchen, die einen Besuch lohnen, die allerdings nicht zu den »schwimmenden« gehören. In dreieinhalb Stunden ab Puno ist die Insel Taquili zu erreichen, auf der rund 1200 Aymará leben. Dort keucht man vom Hafenanleger die steilen Stufen zum Eingangstor der Siedlung hinauf und wird sofort von Frauen in roten Jacken, schwarzen Röcken und Kopfumhängen empfangen, die einfache Übernachtungsmöglichkeiten in ihren Familien anbieten. Die Männer tragen lange gestrickte Zipfelmützen, ein helles gewebtes Hemd, eine schwarze Hose und einen breiten gewebten Gürtel. Taquili gehörte im 16. Jahrhundert einem Spanier, der hier eine Hacienda errichtete. Dann war sie vorübergehend Gefängnisinsel und ist jetzt wieder im Besitz der Indios, die hier eine Webergenossenschaft gründeten.

Die etwas größere Nachbarinsel Amantaní mit etwa 4500 Indios war jahrhundertelang fast vergessen, ist mittlerweile aber zu einem exotischen Touristenmekka geworden. Auch hier kann man nur bei Familien übernachten und etliche Ruinen besichtigen.

## La Paz – die atemberaubende »Stadt des Friedens«

Von Puno kann man sich aber auch auf den Weg machen nach La Paz, der größten Stadt und dem Regierungssitz Boliviens. Die Route führt einen Hochgrat entlang über den Altiplano und bietet atemberaubende Aussichten auf den Titicacasee und die Cordillera Real mit den weit über 6000 Meter hohen Bergriesen Ilampu und Illimani. Das Hochland Boliviens ist karg. Auf der trockenen roten

Erde wächst fast nur gelbes, steppenartiges Gras. Hin und wieder unterbrechen kleine Gehöfte, mit Stroh und Schilf abgedeckt und hinter Lehmmauern versteckt, die Monotonie. In nahezu allen kleinen Ortschaften gibt es ärmlich wirkende Kirchen, aus schmucklosen Lehmziegeln erbaut. Doch im Innern künden sie von anderen, besseren Zeiten: Viele sind angefüllt mit Silberartefakten, Silbermonstranzen, geschnitzten Holzaltären und verschwenderischen Ölgemälden.

In einem Talkessel dicht am Ostrand des Altiplano liegt La Paz. Armselige Bretterbuden, moderne Wolkenkratzer, die koloniale Altstadt und Indiomärkte verbinden sich in der über 3600 Meter hoch gelegenen Millionen-Metropole auf reizvolle Art und Weise. Die »Stadt des Friedens« ist ein aufregendes und durch die extreme Höhenlage im wahrsten Sinne atemberaubendes Erlebnis.

Die Bezeichnung Puna (Schlaf) für die Zone zwischen 3500 und 4800 Metern bezieht sich auf die Müdigkeit, die jeden befällt, der aus tiefer gelegenen Gebieten heraufkommt. Hier im Hochland wachsen fast nur Hartgräser und Kakteen, Dornensträucher und Polsterpflanzen. Das harte, bräunlich-grüne Gras, Stipa-ichu, bildet für die verschiedenen Lamaarten die Nahrungsgrundlage. Dort, wo der kalte Wind nicht hinkommt, lockt die intensive Andensonne viele Blütenpflanzen wie den Enzian hervor. An einigen Stellen wachsen zwischen den Grasbüscheln handtellergroße Kugelpolsterpflanzen, deren Blätter zum Schutz gegen die Kälte mit einem dichten Wollflaum belegt sind.

## Die Bauern arbeiten hart, aber die Erträge sind nur mäßig

Es sind überwiegend Indios mit schwerem Gepäck, die mit der Andenbahn quer durch die Puna nach Cuzco fahren. An kleinen Feldern vorbei geht es in zahlreichen Kurven durch die weite Landschaft, im Hintergrund stets ein imposantes Hochgebirgspanorama. Noch immer bearbeiten die Bauern den Boden gemeinschaftlich, wie seit vielen Jahrhunderten wird der Fußpflug benutzt. Schachbrettähnlich bedecken die Felder das Land. Mauern, die mit Kakteen bewehrt sind, schützen die Ackerflächen vor dem rauhen Wind.

Doch das Land gibt wenig her, obwohl sich die Bauern plagen. Wie haben es die

Auf vielen Bahnhöfen entlang der Strecke Puno–Cuzco verkaufen Indios Souvenirs an Touristen

Chullpa von Sillustani mit Blick auf den Umayo-See

**Auf den kargen Weiden des Altiplano herrscht das in kleinen Büscheln wachsende, harte Ichu-Gras vor, das selbst die genügsamen Schafe nur ungern fressen. Die Zugfahrt von Puno nach Cuzco führt weitgehend durch die baumlose Puna-Landschaft, zunächst entlang des Titicacasees, dann vorbei an gewaltigen Bergketten, bis die Quelle des Urubamba bei La Raya erreicht ist. Die Höhe von 4318 Metern macht Touristen oft zu schaffen, weshalb in den Zügen ständig Sanitäter mit Sauerstoffmasken mitfahren.**

Keine Angst vor der Kamera: Indio-Mädchen bei Cusipata

Hinter La Raya führt die Strecke der Andenbahn den Río Urubamba entlang

Etwa zwölf Stunden sind die Passagiere in der Andenbahn von Puno nach Cuzco unterwegs

Inkas nur geschafft, aus dieser kargen Landschaft heraus sich zu Herrschern eines Riesenreiches zu erheben, das sich von Norden nach Süden über mehr als 4000 Kilometer erstreckte? Ein Reich, das zudem alle Bürger mit dem Lebensnotwendigen versorgte und zu kulturellen Höchstleistungen fähig war. Es gibt mehrere Gründe: Weil es außergewöhnlich straff und gut organisiert war und die Inkas auf die Erfahrungen und Leistungen der verschiedenen von ihnen besiegten Vorgängerkulturen zurückgreifen konnten.

Mühsam ächzt der Zug seinem Ziel immer näher. In der Ferne sind schwer beladene Lamas zu sehen, die hintereinander über einen schmalen Steg trotten. Dann schiebt sich der eisgepanzerte, 5443 Meter hohe Cunuraua ins Blickfeld, und inmitten einer grünen Wiese steigen die Dampfwolken der rund 400 warmen Quellen von Aguas Calientes auf. Bei der Paßhöhe von La Raya (4319 m) überwindet die Bahn schließlich einen Andenkamm, der eine wichtige Wasserscheide darstellt: Auf der einen Seite fließt das Wasser in den Titicacasee oder in den Pazifik, auf der anderen Seite in den Amazonas bzw. in den Atlantik.

## Eisenbahnabenteuer im peruanischen Hochland

An gewaltigen Schluchten vorbei rattert die Bahn auf schmaler Spur weiter. Dann tauchen immer mehr hohe Bäume in der Landschaft auf, die zunehmend grüner und fruchtbarer wird. Es finden sich jetzt auch mehr Siedlungen mit sehenswerten kulturellen Stätten, wie die Ruinen des Tempels de Viracocha bei Raqchi zu Füßen des Quimsachata-Vulkans oder die kleine originelle einschiffige Renaissancekirche in Urcos, die sich über Ruinen aus der Inkazeit erhebt. Dann fährt der Zug in die Nacht hinein – und am Horizont sind die Lichter von Cuzco, der alten Inka-Hauptstadt, zu sehen.

## Puno

**Karte:** Seite 112/113, Planquadrat I 6.

**Anreise:** Von Cuzco aus fährt man mit der Andenbahn über den Altiplano nach Puno (10 Std.) oder man fliegt von Cuzco nach Juliaca (25 Min.), das man ebenfalls von Lima (2,15 Std.) und Arequipa (25 Min.) aus anfliegt. Juliaca ist von Arequipa auch mit einem Nachtzug (unbeheizt; 8 Std.) zu erreichen.

**Unterkunft:** Das beste Hotel ist das fünfsternige »Libertador Isla Esteves« auf der Halbinsel Esteves, Tel. 355712, Fax 353870, Reservierung in Lima über 01/2210822) mit Restaurant, Bar, Disco, herrlichem Seeblick sowie guter Küche.

**Essen und Trinken:** In Puno gibt es empfehlenswerte Pizzerias (»El Buho«, Jr. Libertad, Ecke Jr. Lima) und »Chez Maggy« (Grau 138) sowie eine Peña (»La Casa del Abuelo«, Jr. Tarapaca, Ecke Jr. Libertad) und das Restaurant »El Plaza« (Plaza de Armas, Tel. 351424) mit Pizzeria. Eine gute Konditorei ist das »Café Ricos Pan« (Lima 357).

**Sehenswürdigkeiten:** Das imposanteste Bauwerk der Stadt ist die Kathedrale (1754) an der Plaza de Armas, eine Jesuitenkirche mit eindrucksvoller Fassade. Wer genau hinschaut, erkennt in der Ornamentik indianische Symbole: Kolibris, stilisierte Ananas, Sonne, Mond und Blumen aus dem Hochland.
Rechts neben der Kirche zeigt das kleine Museo Carlos Dreyer (Mo–Fr 8–14 Uhr) die landschaftlichen und kulturellen Sehenswürdigkeiten der Region.

**Veranstaltungen:** Prozession zu Ehren der Virgen de la Candelaria (Febr.), auch Marienfest (Mariä Lichtmeß) genannt, mit der Fiesta Diablada in der Karnevalszeit, Fiesta zu Ehren des heiligen Santiago (1.–4. Aug.), Puno-Woche: Ehrenfest für das Geschwisterpaar Manco Cápac und Mama Ocllo (1.–7. Nov.). In Ichu/Zepita kann man das drei Tage dauernde Fest zu Ehren der Heiligen Peter und Paul besuchen (26. – 29. Juni).
Traditionelle Feste auf der Insel Taquili: Karneval (Ende Febr.), Kreuzfest/Huancaná (3. Mai), Ehrentag der Heiligen Santiago und Jakob (25. Juli) und Huldigung der inkaischen Erdmutter Pachamama (Anfang Aug.). Auf der Insel Amantaní

# REISE-INFO *TITICACASEE*

wird das größte Fest zu Ehren der Mutter Erde Pachamama und des Vaters Erde Pachatata Mitte Januar gefeiert.

**Ausflüge:** Auf einem 150 m hohen Berg auf einer Halbinsel in der Laguna de Umayo unterhalb von Sillustani befinden sich die Chullpas, Begräbnistürme der Indios, aus fein bearbeiteten Basalt- und Trachytsteinen fugenlos zusammengesetzt. Der Grundriß der Chullpas ist in der Regel rund und hat scharfe oder abgestumpfte Kanten. Der größte Grabturm ist 12 m hoch; er erweitert sich allmählich nach oben und zeigt an der Spitze eine Kuppelwölbung. Die Eingänge waren sehr niedrig gebaut und nach Osten gerichtet.
Nach Taquili und Amantaní fahren die Boote tgl. gegen 7 Uhr vom Bootsanleger in Puno ab (Fahrzeit einfach 3,5–4 Std., ca. 10 US-$). Zu den »schwimmenden Inseln« geht es tgl. ab 7 Uhr vom Kai am Ende der Avenida del Puerto in Puno.

**Information:** PromPerú, Plaza de Armas, Tel. 353804, Mo–Sa 8–13, 14–18 Uhr.

## Andenbahn nach Cuzco

**Tickets:** Zwischen Puno und Juliaca am Titicacasee ist die Strecke zwar schön, der Zug jedoch sehr langsam. Viele Touristen steigen deshalb erst in Juliaca zu. Fahrkarten können einen Tag im voraus oder eine Stunde vor Abfahrt gekauft werden. In der 1. Klasse (Inka-Klasse) ist man vor Dieben recht sicher.

**Sehenswürdigkeiten:** Bei Raqchi (118 km vor Cuzco) und in der Nähe von Sicuani (Bahnhof) liegen die Ruinen des

Blumenverkäuferin auf dem Indio-Markt in Puno

Templo de Viracocha. Dieser soll zu Ehren des Gottes Viracocha errichtet worden sein. Mit seinen 12 m hohen und 100 m langen bemalten Mauern und Säulen aus Vulkangestein bildete er das religiöse Zentrum der Priester. Innerhalb der Außenmauer steht eine Kirche.
47 km vor Cuzco befindet sich der malerische Ort Urcos. Auf einem Hügel erhebt sich eine reich geschmückte Kirche, die der Jungfrau von Calendria gewidmet ist und in der sich beträchtliche Kunstschätze aus der Kolonialzeit befinden.

## Tiahuanaco

**Karte:** Seite 112/113, Planquadrat I 7.

**Einreise:** Deutsche benötigen für einen Kurz-Aufenthalt in Bolivien nur einen Reisepaß, der noch ein halbes Jahr nach Einreise gültig sein muß. Während der Regenzeit (Dez.–März) sind die Verkehrsverbindungen oft unterbrochen.

**Unterkunft:** Das luxuriöse »Inca Utama« in Huatajata am Titicacasee (km 87 auf der Strecke La Paz–Copacabana, Tel. 00591-2-0811/5050) bietet einen herrlichen Blick über den See (Restaurant, Heizdecken in den Betten gegen die kalten Nächte).

**Sehenswürdigkeiten:** Auf der Route nach Bolivien, die üblicherweise am Titicacasee entlangführt, finden sich einige interessante Kirchen, z. B. San Pedro in Juli (am Hauptplatz); deutlich ist der indianische Einfluß bei den Gemälden, rechts vom Eingang befindet sich ein interessantes Marienbild mit einem Jesuskind auf Indioart. Die Kirche hat einen prächtigen Barockaltar und vier schön geschnitzte platereske Nebenaltäre. Die Kirche San Juan ist bemerkenswert wegen ihres barocken Portals. Die dunkelrote Kirche von Pomata (um 1700) liegt auf einem Hügel. In ihrer überbordenden Dekoration entspricht sie den künstlerischen Vorstellungen der Region; interessant ist ein Fries mit tanzenden Figuren.
Hinter Pomata gabelt sich die Straße. Geradeaus kommt man auf dem kürzeren Weg zum Grenzort Desaguadero. Von dort ist es nicht weit bis **Tiahuanaco**, der wichtigsten archäologischen, 2,5 qkm großen Ruinenstätte Boliviens (tgl. 9–17 Uhr). Die Tiahuanaco-Kultur entstand um 600 v. Chr. und ging um 1200 unter.

Wegen der großen Trockenheit mußten die Viehzüchter die Insel Amantaní verlassen

Hier erhebt sich die 15 m hohe, 180 m lange und 140 m breite Pyramide Akapana, die ursprünglich aus sieben Terrassen bestand und von der nur die Wände der untersten freigelegt sind. Sehenswert ist der halbunterirdische Tempel (Templo Semisubterráneo), in dessen rote Sandsteinwände noch erhaltene Nagelköpfe eingelassen wurden. Im Zentrum des Tempels stehen drei Stelen.

Den am besten rekonstruierten Teil der Kultstätte bildet der sich auf einer hohen Plattform erhebende Tempel Kalassasaya (Aymará-Wort für »stehende Steine«), ein Platz mit viereckigem Grundriß, einst wohl ein Tempel, der von roh umhauenen Monolithpfeilern umgeben ist und einen tiefer gelegenen Hof umschließt. Eine 8 m breite Treppe führt zum zentralen Tor, von dem man einen guten Blick auf den 3 m hohen Monolithen Ponce hat.

Auf einer weiteren Plattform befinden sich der Monolith El Fraile (»Der Mönch«) und das Inti Punku (Sonnentor), das aus einem einzigen Andesitblock gearbeitet ist und eine menschliche Gestalt mit übergroßem Kopf darstellt, den Strahlen umgeben.

Die bessere Route nach La Paz führt links hinter Pomata an Yunguyo vorbei zur Grenze und dann nach **Copacabana**. Die Stadt ist ein bedeutender Wallfahrtsort mit der Kathedrale im Mittelpunkt der Prozessionen. In dem Gotteshaus (1580), befindet sich die wundertätige »Schwarze Madonna«, im 16. Jh. von einem Indiokünstler geschaffen. Man kann die in einem Glaskasten sitzende Figur in der Mitte eines üppigen Altars in der Sakristei im ersten Stock sehen.

Besonders attraktiv ist die Fahrt mit einem Tragflügelboot (Hydrofoil) oder Katamaran von Copacabana nach Huatajata über den Titicacasee mit einem Abstecher zur **Isla del Sol**. Allein die phantastische Aussicht auf die Berge und die kurze Wanderung zu einigen Inka-Ruinen auf der Insel lohnen diesen Ausflug. Von Huatajata geht es mit dem Bus weiter nach La Paz.

## La Paz

**Karte:** Seite 112/113, Planquadrat I 7.

**Anreise:** Beliebt ist die Kombitour per Bus von Puno nach Copacabana (Abfahrt 7 Uhr, siehe auch »Tiahuanaco«), von dort per Fähre zur Isla del Sol (mit einigen Ruinen und terrassierten Hängen) und weiter nach Huatajata. Dort geht es mit dem Bus weiter nach La Paz (Ankunft ca. 19.30 Uhr, rund 170 US-$).

**Verkehrsmittel:** Taxen sind preiswert: Eine kurze Fahrt im Zentrum ist für 1 US-$ zu haben, längere Strecken für ab 2 US-$.

**Unterkunft:** In La Paz empfiehlt sich u. a. das luxuriöse »Hotel Presidente« (Calle Potosí 920, Tel. 02/367193, Fax 354013; DZ ab 135 US-$) mit Restaurant »Bella Vista« und Bar mit herrlichem Ausblick. »Hotel Plaza« mit Restaurant und bester Sicht (Av. 16 de Julio 1789, Prado, Tel. 378311, Fax 378318; DZ ab 47 US-$).

**Ausgehen:** Einheimische Küche bietet »La Casa de los Paceños« (Sucre 856). Fische auf japanische Art bekommt man im »New Tokio« (Av. 6 de Agosto 2932, Tel. 433654), und das beliebteste Café der Stadt ist der »Confitería Club de La Paz« (Comacho 1202 y Ayacucho).

**Sehenswürdigkeiten:** Hauptstraße und Lebensader ist die Prachtstraße Avenida 16 de Julio. Ein Zentrum der Altstadt ist die Plaza Murillo mit dem klassizistischen Parlament sowie dem Präsidentenpalast (1900–1905) und der imposanten Kathedrale (1831). Auf dem Weg zur Calle Jaén, einem sorgfältig restaurierten Gäßchen im Stil der Kolonialzeit, liegt die Iglesia Santo Domingo (1760) mit einer Fassade im Stil des Mestizo-Barock. Aufwendig gestaltet ist auch die Fassade der Iglesia San Francisco (ab 1744) an der Plaza San Francisco. Zudem bietet die Stadt noch diverse Indiomärkte: u. a. Mercado Camacho (Ecke Av. Camacho/Calle Bueno), Mercado Artesanía (Pl. San Francisco) und Mercado de Mercería (Calle Linares).

**Veranstaltungen:** Am Samstag nach Pfingsten feiert die Stadt ihr größes Fest zu Ehren »Unseres Herrn Jesus der Großen Macht«.

**Information:** Senatur, Plaza del Estudiante, La Paz, Tel. 357442, Fax 374630, Mo–Fr 8.30–20, Sa 8.30–13 Uhr. Empfehlenswerte Agentur: »Crillon Tours«, Av. Camacho 1223, La Paz, Tel. 374566, Fax 391039.

Ausflugsboote zu den »Inseln der Uro« bei Puno

# »Nabel der Welt« und Zentrum des Inka-Imperiums

*Großes Foto: Indio-Frau mit Lama vor den Ruinen von Sacsayhuamán. Kleines Foto: Tänzerinnen vor La Compañía beim Inti-Raymi-Fest.*

*Von Cuzco aus beherrschten die Inkas ihr gewaltiges Reich. Die Stadt war das Zentrum der Inka-Welt. Dann kamen die Spanier, zerstörten die Metropole und errichteten als Symbol ihrer Macht neue imposante Bauten wie die Kathedrale oder die Jesuitenkirche La Compañía. Aber seine unverwechselbare indianische Atmosphäre hat sich Cuzco bis heute bewahrt. Bewacht wurde die Stadt einst von der Tempelfestung Sacsayhuamán, einem steinernen Monumentalpuzzle, das die Konquistadoren überlebt hat.*

Cuzco, eine der schönsten Städte Perus und ehemals goldstrotzende Hauptstadt des Inkareiches, das sich vom heutigen Kolumbien bis nach Argentinien erstreckte, nannte sich einst »Qosqo«, »Nabel der Welt«. Von diesem fruchtbaren Tal in 3500 Metern Höhe beherrschten die Inkas ihr fast 900000 Quadratkilometer großes Reich. Dazu schufen sie ein viele tausend Kilometer langes ausgezeichnetes Straßennetz. Es diente über Läuferstafetten der schnellen Übermittlung von Nachrichten, die Militärs konnten ihre Truppen zügig von einem Teil des Reiches in den nächsten verlegen, und zudem lief über die Straßen der gesamte staatlich kontrollierte Warenaustausch. Zentrum dieses Netzes war Cuzco, wo der Hochadel im Luxus schwelgte und es sich beispielsweise leisten konnte, jeden Tag frischen Meeresfisch zu essen. Dort schufen die besten Handwerker und Künstler des Kontinents bedeutende Werke.

»König und Gefolge« während des Inti-Raymi-Festes, das alljährlich am 24. Juni in Cuzco stattfindet

Die Plaza de Armas in Cuzco gilt als einer der schönsten Plätze Südamerikas

Plaza de Armas: La Compañía… …und die wuchtige Kathedrale (unten)

Doch mit den Spaniern, die Cuzco 1533 erreichten, endete die Blütezeit der Stadt. Der »Nabel der Welt« wurde ausgeplündert, die Gold- und Silberschätze zu handlichen Barren eingeschmolzen und abtransportiert. Die Konquistadoren ließen die Inkatempel abreißen, um auf ihren Fundamenten Kirchen, Klöster und Paläste zu errichten, wie die mächtige Kathedrale an der Plaza de Armas, dem Herz der Stadt. Dort, im Zentrum eines ehemaligen Weltreichs, schufen die Eroberer ein eindrucksvolles Monument ihrer Sieges.

**Das eindrucksvolle Fest Inti Raymi wird alljährlich am 24. Juni begangen. Dann werden der Inka und seine Qolla, die Schwester, Ehefrau und Inkaprinzessin zugleich ist, in einer Sänfte durch die Menge getragen, gefolgt von ranghohen Adligen und zahlreichen Sonnenjungfrauen, die in ihren erhobenen Händen Opfergaben halten. Der Inka vollzieht dann die uralten Rituale. Am Ende wird ein Lama geopfert.**

Zum Inti-Raymi-Fest kommen Musiker und Tanzgruppen aus dem ganzen Land nach Cuzco



Später verlor Cuzco an Bedeutung und war schon gegen Ende des 16. Jahrhunderts zur normalen Kolonialstadt »abgestiegen«. Die Spanier machten Lima zur Hauptstadt ihrer neuen Kolonie. Silberfunde in Bolivien ließen das Tal später fast ganz in Vergessenheit geraten, es versank in einen Dornröschenschlaf. Zu neuem Leben erwachte es erst wieder nach der Entdeckung von Machu Picchu 1911, welches seitdem das Schicksal der Stadt mitbestimmt. In der zweiten Hälfte des 20. Jahrhunderts wurde Cuzco zum führenden Tourismus-Zentrum Perus – mit Verbindungen in alle Welt.

## Cuzcos Altstadt erzählt von Siegern und Verlierern

Doch in Cuzcos Altstadt mit ihren roten Ziegeldächern und geschnitzten Balkonen scheint die Zeit stehengeblieben zu sein. Viele Kopfsteinpflasterstraßen sind gesäumt von den fugenlosen alten Inkamauern, die ihrerseits die Grundlage bilden für koloniale und moderne Bauten. Damit künden sie noch heute, nach Jahrhunderten, von Siegern und Verlierern: Oben zeigt sich die Bauweise der Spanier, unten die der unterlegenen Inkas.
An der Plaza de Armas, inmitten der schönen Anlage mit einem Brunnen, wird man daran erinnert, daß dies die Hinrichtungsstätte des letzten Inkakönigs Túpac Amaru I. war. Über die Hinrichtung des Inkas 1572 berichtet der Chronist Fray Martín de Murúa: »Als der Inka Túpac Amaru das Gerüst bestieg, erscholl das Schreien der Indios tausendfältig über den Platz... Es ist denkwürdig, als das Exekutionskommando befahl, die Menge solle schweigen, erhob der arme Túpac Amaru die Hände und klatschte nur kurz; daraufhin verstummten alle und beruhigten sich. Es schien, als befinde sich auf dem Platz keine lebendige Seele, und man hörte keine Klage und keinen Laut, als das Haupt des Inkas fiel. So groß war der Gehorsam, die Furcht und die Verehrung, die die Indios ihren Herren entgegenbrachten.«

Auch Túpac Amaru II., der in Wirklichkeit José Gabriel Condorcanqui hieß und die große Revolte gegen die Spanier Ende des 18. Jahrhunderts anführte, starb auf der Plaza de Armas. Im Urteil des Gerichts heißt es: »Túpac Amaru ist auf die Plaza von Cuzco zu bringen, wo er mitansehen soll, wie seine Frau Bastidas hingerichtet wird... Nach

Cuzcos Bürgermeister mit der Inka-Fahne

der Hinrichtung seiner Frau ist Túpac Amaru die Zunge herauszuschneiden, worauf man ihn an Armen und Beinen an vier Pferde binden und mit der Peitsche auf die Tiere einschlagen soll, damit sie in die vier Himmelsrichtungen auseinanderlaufen.«

## Túpac Amaru wurde zum Helden und Vorbild für die Stadtguerilla

Doch bei der Hinrichtung am 18. Mai 1781 gab es Schwierigkeiten. In einem zeitgenössischen Bericht steht: »Entweder waren die Pferde nicht stark genug, oder dieser Indianer war wirklich aus Eisen, denn es gelang ihnen nicht, ihn auseinanderzureißen, obwohl sie ihn so lange auseinanderzogen, bis er ausgestreckt in der Luft hängend wie eine Spinne aussah. Schließlich befahl der Hauptmann, von Mitleid ergriffen, das Leiden des Elenden zu beenden, ihm den Kopf abzuschlagen.« Jahrhunderte später wird sich die Stadtguerilla in Buenos Aires und Montevideo noch des magischen Namens bedienen und sich »Tupamaros« nennen.

Die Tempel und Paläste des Adels im alten Inka-Reich bestanden aus Steinblöcken von quadratischer und rechteckiger Grundform, die mit größter Präzision behauen und glattgeschliffen waren. Das war eine erstaunliche Leistung, besonders wenn man bedenkt, daß die Inkas keine Eisenwerkzeuge kannten. Man nimmt an, daß die Steinmetzen die Monolithe aus den Steinbrüchen lösten, indem sie mit »Brechstangen« aus Holz oder Bronze Löcher kratzten, diese mit Wasser füllten und warteten, bis das Wasser gefror und die Blöcke »heraussprengte«. Die Weiterverarbeitung der Monolithe geschah mit Hämmern aus härterem Gestein. Und trotz dieser einfachen Werkzeuge sind die Fugen zwischen den

Die Quelle von Tambo Machay

Calle Hatun Rumiyoc: Diese Mauer haben die Inkas ganz ohne Mörtel zusammengefügt

Bei der alten Poststation Puca Pucara

Plaza del Cabildo in Cuzco (unten)

**Cuzco, die ehemalige Hauptstadt der Inkas, hieß in der Ketschua-Sprache »Nabel der Welt«. Das Zentrum eines Reiches, das sich vom heutigen Kolumbien bis nach Argentinien erstreckte, hat sich seine unverwechselbare indianische Atmosphäre bewahrt, obwohl es von den Spaniern ausgeplündert und durch zahlreiche Bauten der Eroberer aus der Alten Welt stark verändert wurde. Von der prächtigen Inka-Kultur ist nur wenig erhalten geblieben: Besonders eindrucksvoll sind die alten Mauern aus fugenlos verschachtelten Steinen. Zu einem Symbol für Cuzco ist der zwölfeckige Stein in der Calle Hatun Rumiyoc geworden.**

Blöcken noch heute so paßgenau und dicht, daß man kein Blatt Papier und keine Nadel dazwischenschieben kann.
In den mit Goldplatten ausgekleideten Nischen der Tempelräume standen die Götterstatuen und die Mumien verstorbener Herrscher. Wände und Türen waren in den vornehmen Häusern mit Fellen der Vicuñas behängt, die Fußböden bedeckte man mit Fellen von Pumas und anderen Tieren. In der Regel gruppierten sich die Räume um einen Garten, der mit Blumen bepflanzt und mit bunt bemalten Tongefäßen sowie Gegenständen aus Gold und Silber geschmückt war.

## Die Konquistadoren zerstörten die Paläste und Heiligtümer der Inkas

Die Calle Hatun Rumiyoc bietet schöne Beispiele der fugenlosen Verblockung riesiger Steine aus der Inkazeit. Glanzstück ist der berühmte Stein mit den zwölf Ecken in der Mauer. Diese Mauer war einst Teil des Palastes des Inka Roca, der in der zweiten Hälfte des 14. Jahrhunderts herrschte. Später wurde die prächtige Casa der Marquise Rocafuerte und Buenavista daraufgesetzt, in der dann der Bischof von Cuzco residierte. Heute befindet sich hier das Museo de Arte Religioso mit Gemälden, Skulpturen und Möbeln.
Über dem größten Heiligtum der Inkas, dem berühmten Sonnentempel Inti-Huasi, sind Kirche und Kloster Santo Domingo erbaut, die allerdings beim Erdbeben 1950 stark beschädigt wurden. In einer Gruft der Kirche wurde Túpac Amaru II. beigesetzt. Die Kirche wurde auf den Resten des sagenhaften Coricancha errichtet, in dessen Seitenwand der einzigartige zwölfkantige Stein mit dem Mauerwerk verzahnt wurde.

## Der Sonnentempel: Heiligtum und astronomische Beobachtungsstation

Nur drei Spanier haben diesen wohl berühmtesten Tempel Amerikas in seiner ganzen Pracht gesehen. Es waren ausgerechnet die rauhesten aus Pizarros Räuberbande. Sie berichteten über einen goldenen 190 Pfund schweren Altar und über ein Becken, das mit 120 Pfund Gold ausgeschlagen war. Mit bloßen Händen rissen die Spanier 700 goldene Tafeln von den Tempelwänden, um die Eintreibung des Lösegeldes für Atahualpa zu

Umzug der Dorfältesten und Bürgermeister um die Mittagszeit in Pisac nordöstlich von Cuzco

beschleunigen. Das heiligste Symbol der Inkas, eine goldene Sonnenscheibe, nahmen sie nicht mit. Später war diese verschwunden und kein Spanier konnte mehr sehen, wie sie die Strahlen der Morgensonne auffing und in den goldglitzernden Tempel zurückwarf. Außerdem gab es eine silberne Mondscheibe, die wahrscheinlich so angebracht war, daß sie das Mondlicht in einen silbernen Tempel warf. Zudem diente der Tempel den Inkas als wichtige astronomische Beobachtungsstation.

Der Inka-Historiker Garcilaso de la Vega, 1539 als Sohn einer Inka-Prinzessin und eines Konquistadors in Cuzco geboren, beschreibt den Sonnentempel: »Das hochaufragende Dach war aus Holz, mit Stroh bedeckt. Alle vier Wände waren von oben bis unten mit goldenen Platten verkleidet, und den Hochaltar krönte ein Abbild der Sonne. Dieses Abbild bestand aus einer Goldplatte, die doppelt so dick war wie die, die an den Wänden hingen. Es zeigte ein rundes Gesicht, von dem Strahlen und Flammen ausgingen, so wie spanische Maler die Sonne darstellen… Oben an den Wänden zog sich außen ein goldenes Band von drei Fuß Breite um den ganzen Bau.« Heute kann man im Innern der Klosteranlage einige Inkamauern besichtigen und drei Löcher, die in Fußbodenhöhe

Weit über die Region hinaus bekannt ist der Markt von Pisac

**Auf einem schmalen Bergvorsprung über dem Tal errichtet, ist die Anlage der ehemalig strategisch bedeutenden Inkafestung Pisac durch eine Befestigungsmauer, Tore und Bastionen geschützt. Das Ensemble umfaßt Häuser und Tempel, Paläste und das Sonnenheiligtum Intihuatana. Der Blick über die Burgruinen hinunter ins Tal entschädigt für die Mühen des Aufstiegs über terrassierte Felder.**

Auf dem Markt in Pisac gibt es nur noch wenige Obst- und Gemüsestände

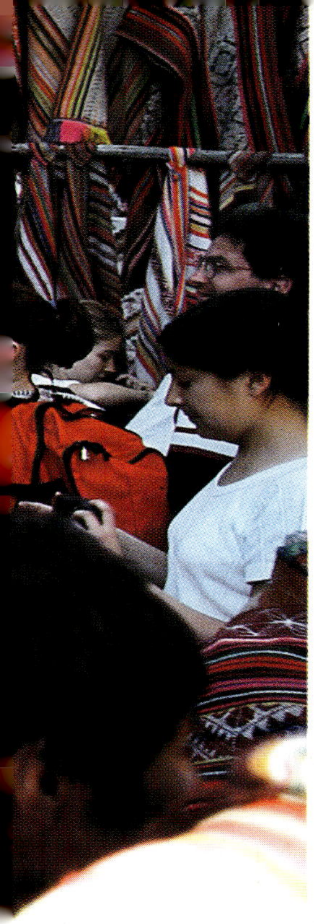

Indio-Frau mit »Bolero«-Hut

Inkafestung oberhalb von Pisac (unten)

durch die Wände zwischen den Räumen gebohrt sind. Möglicherweise sollten sie das Blut geopferter Tiere und das Chicha, ein leicht alkoholisiertes, nahrhaftes Getränk aus Maniok und Maisbrei, ableiten.

Etwas von der Atmosphäre vergangener Inka-Zeiten ist auch noch auf den vielen Märkten zu spüren, die in den größeren Andendörfern regelmäßig stattfinden. Oft sind die Indios tagelang unterwegs, um in den frühen Morgenstunden ihre Stände aufzubauen oder um einzukaufen. Es sind überwiegend Frauen, die auf den Märkten stehen, denn sie verstehen sich besser auf das Feilschen als die Männer.

## Markt in Pisac: Indio-Alltag und Touristenspektakel

Besonders beliebt bei vielen Fremden aus aller Welt ist der Sonntagsmarkt von Pisac wenige Kilometer nordöstlich von Cuzco, ein Touristenspektakel, das wegen des großen Zuspruchs nun auch dienstags und donnerstags stattfindet. Haustiere und Stoffe gibt es hier zu kaufen, Obst und Gemüse, Fleisch, Geschirr und Werkzeuge, Heilkräuter und sogar Lamaembryonen, die bei einem Hausbau dargebracht und dann als Glücksbringer eingemauert werden. Besonders interessant für Besucher sind die Webarbeiten, Töpferwaren, Körbe und verzierten Kürbisse, Holzschnitzereien sowie Stein- und Metallerzeugnisse. Zwar hat der Touristengeschmack auch hier seine Spuren hinterlassen, dennoch haben viele Produkte ihre Stilreinheit behalten.

Indiofrauen sitzen mit ihren aufgeplusterten Glockenröckchen auf dem Boden. Vor sich haben sie Kartoffeln und Kräuter, Gemüse und Zuckerwatte ausgebreitet. In stoischer Ruhe lassen sie Kaugummiblasen vor ihren Mündern platzen oder kauen Cocablätter, die berauschend und beruhigend zugleich sind und zudem gegen Hungergefühle wirken. Bereits die Inkas verwendeten Cocablätter zu rituellen und medizinischen Zwecken; »Mama Coca« ist bei den Indios eine heilige Pflanze.

Geduldig warten die Frauen auf Käufer, niemand preist seine Waren lautstark an. In sich gekehrt und zufrieden säumen Indio-Mütter, die ihre Babys stillen, die Wege. Die Männer kleiden sich mit knielangen Hosen, einem Poncho und der Chullu, einer handgestrickten Mütze mit Ohrenklappen.

Die Frauen aus dem nahen Chincheros erkennt man an den Bordüren auf der Oberseite der Hüte, die das Inkareich Tahuantinsuyu symbolisieren, das Reich der vier Weltteile mit Cuzco als Nabel. Dagegen werden die Filzhüte der Ketschuafrauen aus dem Hochland um Cuzco mit glitzernden Randstreifen geschmückt.

## Kunst und Nutzen vereinen sich in der indianischen Kleidung

Die Frauen des Altiplano kleiden sich mit knielangen bunten Röcken, von denen sie mehrere übereinandertragen. Über weitärmelige Blusen und wollene Strickjacken wird ein ponchoähnliches Tuch gewunden. Auf dem Rücken findet sich fast immer die Manta, eine schöne bunte Wolldecke, die zusammengebunden ist und aus der häufig ein Indiokind hervorlugt, stoisch ruhig, kaum jemals schreiend. Die Frauen sind oft schwer mit Kartons, Körben, voluminösen Tüchern beladen, die vollgepackt sind mit Früchten und Kleintieren, Maiskolben mit Honig und Yuka mit Gewürzsauce, Fleischspießen und Mandelkuchen.

## Die Inkas waren gute Landwirte, doch ihr Wissen ging verloren

Über dem Ort kleben an den steilen Hängen die Feldbauterrassen der Inkas so eindrucksvoll wie sonst kaum im Land. Viele Terrassen sind jedoch verödet und liegen brach. Die alten, sehr produktiven Anbaumethoden der Inkas sind in Vergessenheit geraten – ein Grund dafür, daß bis zum Ende der achtziger Jahre verschiedene Nahrungsmittel wie Reis, Kartoffeln, Mais und Weizen importiert werden mußten. Inzwischen fördert die peruanische Regierung den Anbau altindianischer Nutzpflanzen, weil sie den Bedingungen des Landes besser angepaßt sind als importierte Arten.
Die wiederentdeckte Getreideart Kiwicha beispielsweise enthält viel Protein und ist reich an Aminosäuren und Lecithin. Kiwicha wurde sogar Teil der Kost amerikanischer Astronauten. Zudem werden Agrarterrassen aus vorkolumbianischer Zeit reaktiviert und nach alten Methoden bebaut, nach denen diese Flächen optimal genutzt werden können. Gleichzeitig wird die Erforschung der traditionellen indianischen Medizin mit ihrer Kräuterkunde vorangetrieben.

Kaum besucht werden die eindrucksvollen Salzterrassen von Pichingote bei Chincheros

Getreide wird noch ohne Maschinen gedroschen

Bei der Maisernte müssen alle mit anfassen

Auch im 31 Kilometer von Cuzco entfernten Chincheros gibt es einen Wochenendmarkt, der jedoch kaum weniger von Touristen dominiert wird. Er findet oberhalb des Ortes statt auf dem Grasplatz zwischen den Ruinenterrassen und einer Kolonialkirche. Dort gibt es kunstgewerbliche Gegenstände, während auf einem zweiten Markt im Ort Obst und Gemüse angeboten werden.
Und auch hier ist in den Gesichtern der Indios die Geschichte eines Volkes eingegraben, das großartige Bauwerke und eine ausgeklügelte soziale Organisation schuf. Es wurde von einer Handvoll Abenteurer überrannt und ausgeplündert.

# REISE-INFO
## CUZCO

**Karte:** Seite 112/113, Planquadrat H 5.

**Anreise:** **Flugzeug:** Flughafen Alejandro Velasco Astete (Tel. 084/222611, 4 km vom Zentrum) tgl. von/nach Lima (1 Std.), Arequipa (35 Min.), Pto. Maldonado, Juliaca (25 Min.); So Iquitos (direkt).
**Zug:** mehrmals wöchentlich von/nach Puno und Arequipa (10 Std.) über Juliaca (Estación de Huanchac, Av. Pachacutec, am Ende der Av. del Sol). Tel. 221992. Mehrmals tgl. Machu Picchu (Estación San Pedro, Calle St. Clara). Tel. 238722.
**Bus:** von/nach Nazca (bis zu 48 Std.) und Ayacucho über Abancay (7–9 Std.); Arequipa (15 Std.) und Lima (36–40 Std.).

**Unterkunft:** Bestes Hotel ist das 1997 renovierte »Libertador«, ein kolonialer Adelspalast aus dem 16. Jh. mit Restaurant und Bar (San Agustín 400; Tel. 084/231961, Fax 233152; Reservierung in Lima unter Tel. 01/420166, Fax 4423011; DZ ab 180 US-$). Weitere gute Hotels: »Savoy« (Av. Sol 954, Tel. 224322, Fax 224821; Reservierung in Lima unter Tel. 01/4465686, DZ ab 123 US-$) mit Restaurant und Bar im Obergeschoß sowie Diskothek; »El Dorado Inn« (Av. Sol 395, Tel. 233112, Fax 240993; Reservierung in Lima unter Tel. 01/4421393; DZ ab 77 US-$) mit Restaurant, Bar und Sauna und das neue »Monasterio del Cuzco« (Plazoleta de las Nazarenas, Kloster San Antonio Abad aus dem 17. Jh., im ehemaligen Palast des Inkakönigs Amaru Qhata, Tel. 226871, Fax 237111; Reservierung in Lima unter Tel. 01/4408043), eines der schönsten Hotels in Peru.

**Ausgehen:** Es gibt einige gute Pizzerias in Cuzco, z. B. »Chez Maggy« (Calle Procuradores 350, 365 und Calle Plateros 339) und »Emperador« (Portal Escribanos 117, Tel. 237308). Ein größeres Lokal mit Fleischgerichten an der Plaza de Armas sind »Paititi« (Portal Carrizos 270) sowie die »Churrasquería El Arriero« (Portal de Harinas 195, Tel. 252533). Empfehlenswerte Adressen zum Ausgehen sind auch »El Truco« (Plaza de Regocijo 261) mit Folklore-Darbietungen sowie die Cafés »Literario Varayoc« (Plaza de Regocijo, Portal Espaderos 142) und »El Ayllu« (Plaza de Armas, Portal de Carnes 208, 2. Stock, neben der Kathedrale).

**Sehenswürdigkeiten:** Unter den Arkaden am Rand der Plaza de Armas befinden sich zahlreiche Restaurants und Geschäfte. Unübersehbar erhebt sich die wuchtige **Kathedrale** aus hellbraunen Andesitsteinen mit ihren zwei über 30 m hohen Türmen an der Stelle, wo einst der Palast des Inkas Viracocha stand (Karte Seite 82, Planquadrat B 1). Im linken Turm schlägt eine 1200 Kilo schwere Glocke. Für den mehr als 100 Jahre beanspruchenden Bau verwendeten die Spanier die Andesitblöcke des Inkatempels.
Im Innern der Kathedrale (Mo–Sa 14 bis 17.30 Uhr) entfaltet sich die Pracht von rund 400 Gemälden der Cuzcoer Schule sowie eines kunstvoll geschnitzten barocken Chores aus Zedernholz, dessen Gestühl 40 Heilige zeigt. Typisch für diesen Stil ist die Verwendung von Gold, entweder auf der Leinwand als Blätterornament aufgetragen oder als gehämmerte Goldblättchen für das Gewand der Figuren benutzt. Man sollte sich die Gemälde genauer ansehen, z. B. die Darstellung des Abendmahls, mit Christus und den Aposteln bei einer Meerschweinchen-Mahlzeit, oder das Gemälde der deutlich hochschwangeren Jungfrau Maria – unverkennbare Einflüsse der indianischen Vorstellungswelt. Im 4. Seitenaltar von rechts erblickt man den Schutzpatron von Cuzco, eine Christusfigur, Jesus als »Herr des Erdbebens« darstellend. Die Figur wird zu Ostern in Umzügen durch die Stadt getragen.
Der mit massivem Silber übergossene Hauptaltar war ursprünglich aus Zedernholz geschnitzt und mit Gold verkleidet. Sehenswert ist auch die ganz aus Gold geschmiedete große Monstranz, mit 331 Perlen, 263 Diamanten, 221 Smaragden, 89 Amethysten, 62 Rubinen, 42 Topasen, 17 Brillanten und 5 Saphiren verziert.

Nur wenig blieb vom Sonnentempel erhalten

Rechts von der Kathedrale schließt sich die **Iglesia del Triunfo** an (B 1), die nach dem Sieg der Spanier über die Inkas unter Manco Cápac II. im Jahr 1536 benannt ist. Hier stand einst das Rundhaus Suntur Huasi, die wichtigste Waffenschmiede der Inkas, und hier wird die Urne des Chronisten Garcilaso de la Vega aufbewahrt, der 1539 als Sohn eines spanischen Hauptmannes und einer Nichte des Inkas Huayna Cápac in Cuzco geboren wurde.
Schräg gegenüber der Kathedrale steht die Jesuitenkirche **La Compañía** (B 2), zwischen 1571 und 1668 auf den Grundmauern des Palastes von Inka Huayna Cápac erbaut. Die Fassade ist besonders elegant und harmonisch. Der reich geschnitzte und mit viel Gold überzogene Altar von La Compañía (Mo–Sa 12–18 Uhr) ist einer der schönsten Südamerikas. Ein Gemälde beim Eingang zeigt die Hochzeit eines spanischen Edelmannes (Don Martín de Loyola, Neffe des Ordensstifters) mit einer Inkaprinzessin (Doña Beatriz Sayre-Ñusta, einer Enkelin des Inkas Huayna Cápac).
Der reich verzierte vergoldete Hauptaltar und das barocke Chorgestühl aus Zedernholz in Kirche und Kloster **La Merced** (B 2; Mo–Sa 8–12, 14–17 Uhr) aus dem 16. Jh. sind sehenswert. Ein Glanzstück ist auch die Monstranz im Kloster (1720). In der Schatzkammer findet sich der 1 m hohe Hostienschrein, verziert mit 1518 Diamanten, 615 Perlen und zahlreichen Rubinen, Smaragden und anderen Edelsteinen.
Das **Kloster San Francisco** (A 2; Plaza San Francisco) stammt aus dem frühen 17. Jh. und ist damit das älteste von Cuzco. Beachtenswert sind das geschnitzte Chorgestühl und die älteste Kanzel Cuzcos sowie ein Monumentalgemälde mit einem Stammbaum des Ordensgründers Franz von Assisi im renovierten Konvent.
Die außen unscheinbare und 1562 gegründete **Iglesia de San Blás** (C 1; Mo–Sa 14–17.30 Uhr) birgt im Innern eine der schönsten barocken Kanzeln der Anden mit überreichem Schnitzwerk aus Zedernholz. Zwar wurde die Kirche durch die Erdbeben von 1650 und 1950 zerstört, doch sind die phantasievoll geschnitzten, überladen wirkenden Altäre und großen Gemälde der Cuzcoer Schule erhalten geblieben bzw. restauriert worden. An der Kanzel sieht man acht Ketzer, die unter der Last der Kanzel zu zerbrechen scheinen, darüber sieben geisterhafte Gestalten.

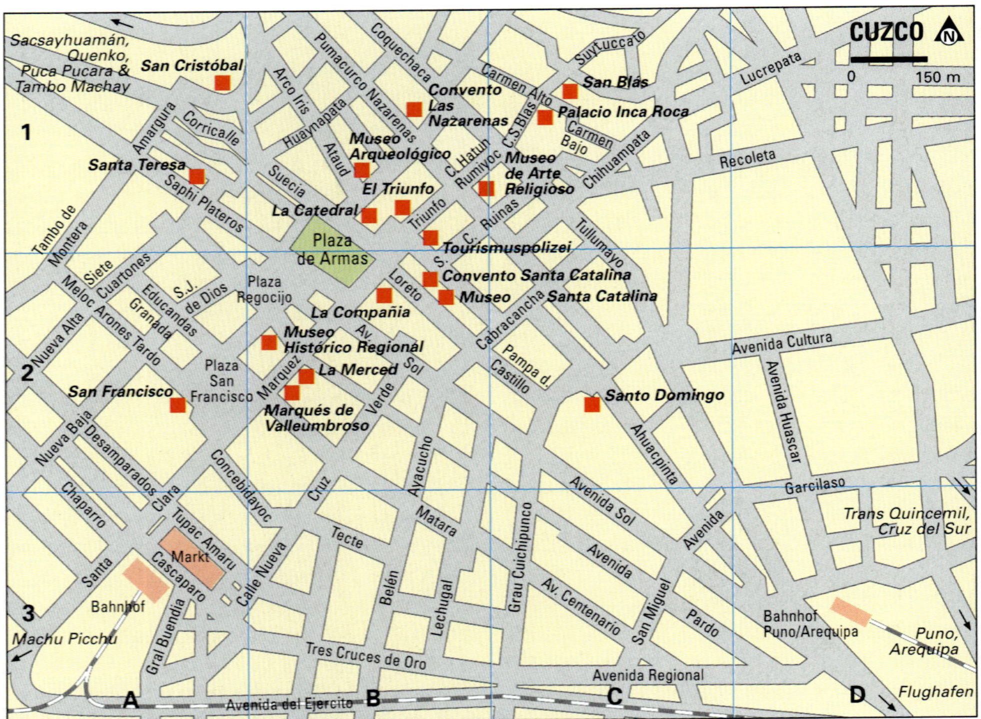

Das Zentrum von Cuzco bildet seit Jahrhunderten die Plaza de Armas

**Museen:** Museo Arqueológico (B 1; Casa del Amirante, prächtiger Kolonialpalast, Mo–Fr 7–19 Uhr, Sa 8–14 Uhr): Funde aus der Inka-Zeit, z. B. Mumien, Textilien, Keramik und Schmuck. Museo de Arte Religioso (B/C 1; Calle Hatun Rumiyoc, Erzbischöflicher Palast, auf den Mauern des Inka Roca errichtet, Mo–Sa 9–12.30, 15–17.30 Uhr, So 15–17.30 Uhr): Bilder der Cuzcoer Schule, Goldschmiedearbeiten, Skulpturen. Museo Histórico Regional (B 2; Calle Heladeros, Mo–Sa 7–18.30 Uhr): Kolonialmöbel und Bilder.

**Ausflüge:** Den in Südamerika einzigartigen Festungskomplex **Sacsayhuamán** (tgl. 7–17.30 Uhr; 30 Min. steiler Fußweg von der Plaza de Armas) umgibt eine 300 m im Zickzack verlaufende und fast 10 m hohe dreifache Mauer aus Blöcken zyklopischen Ausmaßes mit vertieften und vorspringenden Winkeln, schmalen Durchgängen und beeindruckenden Sockeln. Der größte Steinquader wiegt 350 t. 1536 war die Festung Mittelpunkt des Aufstandes unter Manco Inka gegen die Spanier; von hier aus wurde Cuzco 10 Monate lang von den Inkas belagert.
Der aus verwittertem Kalkstein bestehende Fels des Kultheiligtums **Kenko** wenige Kilometer nordöstlich von Cuzco ist übersät mit Rillen, die die natürliche Form des Felsens künstlerisch überhöhen. In der Höhle sind Altäre und Sitze aus dem Fels geschlagen. Ein Amphitheater mit 19 Sitzlogen, dessen Zentrum ein 5 m hoher Felsen bildet, war offenbar Mittelpunkt eines religiösen Kultes.
5 km von Kenko entfernt befindet sich **Puca Pucara**, eine ehemalige Poststation, in der Reisende Unterkunft fanden und Waren lagern konnten. Angeordnet auf vier terrassenförmig ansteigenden Mauern, befinden sich am Fuß eines Hügels Reste der »Höhlenherberge«, **Tambo Machay**, eine Kultanlage zur spirituellen Reinigung der Inka-Fürsten.

Aus den schneebedeckten Anden schiebt sich ein Bergvorsprung zum Urubambatal. Hier, zwischen dem Río Vilcanota und dem Flüßchen Chongo, liegt inmitten steiler Felswände die einst wichtige Inkafestung **Pisac** (Markttage: So, Di und Do). Die Ruinen, 1934 freigelegt, erheben sich rund 300 m oberhalb des gleichnamigen Ortes. Bei dieser Höhenlage bedarf es einer gesunden Kondition, um den Weg bergan zu klettern. Man kann aber auch zu einem Parkplatz fahren, wo ein ca. 600 m langer Fußweg beginnt (tgl. 7–17.30 Uhr). Drei gut erhaltene Stadttore symbolisieren die Bedeutung dieser Ruinenanlage, über die nur wenig bekannt ist. Das zentrale Gebäude ist der Intihuatana, vermutlich der sakrale Bezirk der Anlage, die viermal so groß ist wie die von Machu Picchu.
Eine besondere Attraktion ist die äußerlich unauffällige barocke Kirche von **Andahuaylillas**, 40 km südöstlich von Cuzco. Über dem Eingang der aus Lehmziegeln erbauten Kirche sieht man auf einem Wandgemälde den mühsamen Weg in den Himmel. Im Innern der Kirche (17. Jh.) wird man überrascht durch eine Fülle bunter Fresken und Intarsien aus Blattgold an der Decke, wunderschöne Wandgemälde und hervorragende Gemälde der Kolonialzeit. Im 1. Stock steht eine Orgel mit Engeln, die auf Instrumenten des 17. Jh. musizieren.

**Einkaufen:** In vielen Souvenirläden und bei fliegenden Händlern, die v. a. abends vor den Hoteleingängen und unter den Kolonnaden der Plaza de Armas zu finden sind, kann man Alpaka-Pullover (Chombos), gewebte Bänder (Chumpis), Schultertücher (Mantas) und Umhänge (Ponchos) erstehen. Hochwertige Alpakastrickwaren erhält man bei »Expoartec« (Mateo Pumacahua, Mo–Sa 8–19 Uhr). Gold- und Silberschmuck bekommt man in Cuzco in den Geschäften rund um die Plaza de Armas.

**Veranstaltungen:** u. a. Ostermontag (Prozession Señor de los Temblores zur Erinnerung an das Erdbeben von 1650), Mai/Juni (Qoyllur Ritíi), 24. Juni (Inti Raymi) und 24. Dezember (Santa Rantikuy). Siehe auch Seite 105.

**Information:** Información Turistica (Tel. 252974, Calle Mantas 118, gegenüber der Iglesia La Merced, Mo–Fr 8–19 Uhr, Sa 8–14 Uhr).

Wie in Pisac erhebt sich auf einem Bergrücken die Inkafestung von Ollantaytambo, die 1460 entstand

Keine Verständigungsprobleme scheinen diese »modern« und »traditionell« gekleideten Frauen auf der Plaza del Cabildo in Cuzco zu haben

Frau mit typischem Chincheros-Hut

Inkafestung von Pisac: Blick auf die Anlage mit sakralem Bezirk

Frau mit weißem »Doktor-Hut« aus Cuzco

**Interessant sind die verschiedenen Hutformen der Indiofrauen. Während die Bewohner Cuzcos eine Art weißen Doktorhut tragen, ist der Hut aus Pisac sanft geschweift. Die Frauen aus dem nahen Chincheros erkennt man an den Bordüren auf der Oberseite der Hüte, die das Inkareich Tahuantinsuyu symbolisieren, also das Reich der vier Weltteile mit Cuzco als Nabel. Dagegen werden die Filzhüte der Ketschua-Frauen aus dem Hochland um Cuzco mit glitzernden Borten geschmückt und wie flache Pfannen auf dem Kopf balanciert.**

An der Plaza de Armas steht die Jesuitenkirche La Compañía

# Trekkingtour zur »Verlorenen Stadt« der Inkas

*Großes Foto: Blick auf Machu Picchu von Inti Punku aus. Kleines Foto: Träger mit Lama auf dem Inka-Trail.*

*In vier Tagen führt eine Trekkingtour auf einem uralten Inkapfad nach Machu Picchu. Die Inkas errichteten diese Stadt nahezu uneinnehmbar auf einem Bergkamm über dem Urubamba-Fluß im Dschungel. Jahrhunderte war dieses Meisterwerk der Inka-Architektur, das inzwischen zum Weltkulturerbe der Menschheit gehört, vergessen. Und deshalb blieb die Kultstätte erhalten. Erst 1911 drang eine Expedition zu den überwucherten Ruinen vor. Heute kann man auch per Bahn und Bus die größte Touristenattraktion Südamerikas erreichen.*

Machu Picchu, die Ruinenstätte inmitten einer überwältigenden Landschaft unter dem Kegel des 2743 Meter hohen Huayna Picchu, thront auf einem Bergvorsprung mit fast 45 Grad steilen Hängen, die an drei Seiten vom Río Urubamba umflossen werden und an der vierten durch den Huayna Picchu geschützt sind.

Der Sage nach ist den Spaniern 1532 nur ein kleiner Teil des Goldes, das ihnen Atahualpa für seine Freilassung versprechen mußte, tatsächlich übergeben worden – den weitaus größeren Teil sollen die Inkas, als sie die Nachricht von der Ermordung ihres Herrscher erhalten hatten,

Landwirtschaftliche Terrassenanlagen

in den Bergen versteckt haben. Vielleicht in dem legendären Zufluchtsort Vilcabamba, nordöstlich von Machu Picchu.

Dieses Vilcabamba wollte der 1956 verstorbene amerikanische Historiker Hiram Bingham finden. Als Leiter einer amerikanischen Expedition stieg er 1911 von der einstigen Inkahauptstadt Cuzco aus in die enge Urubambaschlucht und ließ sich tagelang auf einem Maultierpfad von dem Bauern Melchor Arteaga führen, der ihm von einer verlassenen Stadt über steilen Felswänden erzählt hatte. Nach mühsamer Kletterei hatte er Machu Picchu gefunden. Größtenteils war diese »Verlorene Stadt« vom Dschungel überwachsen, aber so gut wie vollständig erhalten und von den Spaniern niemals entdeckt.

Etwa 100 steile Treppen erschließen die 14 Stadtsektoren von Machu Picchu

**Jahrhunderte blieb die Inkastadt Machu Picchu den Spaniern verborgen, und erst 1911 konnte sie nach mühsamer Suche und mit viel Glück gefunden werden. Und auch heute ist der Weg zur »Verlorenen Stadt« noch ein wenig abenteuerlich: Die Besucher müssen mit dem Zug durch das Tal des Río Urubamba anreisen und sich mit Kleinbussen über steile Serpentinen zur Inkafestung in 2400 Meter Höhe hinaufarbeiten.**

Auf einem Bergkamm liegen die Ruinen von Machu Picchu

Die Stadt zeugt nicht nur von der hochentwickelten Städtebaukunst der Inkas, sondern auch von der ausgeklügelten Ackerbaukultur dieses Volkes. In mühseliger Arbeit wurden Terrassen aus den steilen Hängen herausgeschlagen und anschließend mit Erde gefüllt, die aus den Tälern heraufgeschleppt werden mußte. Dazu wurden Bewässerungsgräben angelegt und die Felder mit Guano gedüngt. Abstufungen erleichterten die künstliche Bewässerung und verhinderten, daß der kostbare Boden weggespült wurde.

## Der Inkastaat verfügte über ein ausgeklügeltes Sozialsystem

In der Inkakultur beackerte die Dorfgemeinschaft den Boden gemeinsam. So konnten die Felder auch dann bestellt werden, wenn ein Teil der männlichen Bevölkerung zum Militärdienst oder zum Straßenbau abberufen worden war. Kinder, Greise und Gebrechliche erhielten ihren Lebensunterhalt gratis. Zwar galt Diebstahl im »sozialistischen« System der Inkas als Staatsverbrechen, das mit dem Tod bestraft wurde, wenn jedoch jemand stahl, um dem Hungertod zu entgehen, wurde nicht der Dieb bestraft, sondern der zuständige Aufseher, weil er versäumt hatte, für die notwendigen Lebensmittel zu sorgen.

Die Macht der Inkas war absolut; der Herrscher galt seinem Wesen nach als Gottheit. Um die Abstammung vom Göttlichen zu wahren, war die Geschwisterehe üblich. An der Spitze des Reiches stand der Sapa Inca. Ihm folgte der Königliche Rat, der aus vier Apu (Präfekten) bestand, die vier Teile des Reiches symbolisierend. Diese vier Weltgegenden (Tahuantinsuyu) waren in verschiedene Provinzen unterteilt, denen Curaca vorstanden. Ihnen folgten die Distriktsvorsteher (Camayoc), die über eine bestimmte Zahl von Familien wachten.

Seit Jahrzehnten erforschen Archäologen die auf einem Felsvorsprung thronende Festung. Aber noch immer ist sie von Geheimnissen umgeben. War Machu Picchu der sagenhafte Ort der Sonnenjungfrauen? Dafür spricht, daß 150 der 163 Mumien, die auf dem Friedhof der Stadt gefunden wurden, weiblich waren. Oder war es eine Festung, um sich gegen angreifende Amazonasstämme zu schützen? War es vielleicht der letzte Zufluchtsort der Inkas?

Blick auf den Rundturm (Torréon) im Palastviertel

Casa de las Tres Ventanas (unten)

»Ort, an dem die Sonne angebunden ist«: Intihuatana, die steinerne Sonnenuhr (unten)

Einige Forscher glauben, daß die Stadt bereits in vorinkaischer Zeit entstand. Bei den Inkas war es üblich, unliebsame Geschehnisse aus der geschichtlichen Überlieferung zu tilgen. Da sie keine schriftlichen Zeugnisse besaßen, sondern Ereignisse nur mündlich überlieferten, konnte man ärgerliche Begebenheiten relativ leicht auslöschen. Hieraus ist die Hypothese abgeleitet worden, daß es in der Geschichte von Machu Picchu irgend etwas gegeben haben muß, das das Mißfallen eines Inka-Herrschers erregt haben mußte, der daraufhin den Befehl gab, diesen Ort aus dem Gedächtnis des Volkes zu streichen. So würde sich erklären, warum die »Verlorene Festung« den Spaniern von keinem einzigen Indio verraten werden konnte. Doch beweisen läßt sich diese Theorie ebensowenig wie andere. Befand sich hier ein Heiligtum? Oder war Machu Picchu nur ein Glied in einer Kette von Grenzbefestigungen im Urubambatal?

## Die Suche nach dem sagenhaften Vilcabamba endete in Machu Picchu

Auf der Basis von vagen mündlichen Überlieferungen begannen einige Hobby-Historiker die Suche nach dem sagenhaften Vilcabamba. Der Franzose Nicolas Wiener drang 1875 bis zur Inka-Ruine Ollantaytambo vor, wo er von Einheimischen detaillierte Hinweise auf weitere Ruinen bei Machu Picchu erhielt. Doch er mußte seine Suche im undurchdringlichen Urubambatal ergebnislos abbrechen. 16 Jahre später kam eine Expedition, um einen Maultierpfad durch die Schlucht zu bauen. Es war dieser Maultierpfad, der es später Hiram Bingham ermöglichte, auf der Suche nach dem sagenhaften Vilcabamba dem Hinweis auf die Ruinen von Machu Picchu zu folgen. Doch erst der Viking-Expedition unter Paul Fejos gelang es 1941, den gesamten Pfad in die inzwischen freigelegte Inka-Festung zu begehen.

## Inka-Trail: Wanderweg auf den Spuren der Inkas

Noch heute ist dieser etwa 44 Kilometer lange »Camino Inca« ein Abenteuer, das jedoch in der Hauptsaison allzuviele Interessenten findet. Die in vier Tagen von geübten, schwindelfreien Wanderern gut zu bewältigende Tour beginnt bei der Bahnstation Corihuayrachina.

Wanderer auf einem steilen Teilstück des Inka-Trail nach Machu Picchu

In 3799 Meter Höhe befindet sich die Ruine von Runkuracay

**1941 wiederentdeckt und nach und nach freigelegt wurde der Camino Inca von einer schwedischen Expedition unter Leitung von Paul Fejos und fachkundiger Beratung des Archäologen Julio C. Tello. Es ist ein Versorgungspfad, den die Inkas für Machu Picchu anlegten und den der Dschungel überwuchert hatte. Heute ist der Weg der am meisten begangene Trail Südamerikas.**

Ein Platz zum Wohlfühlen: über den Ruinen von Phuyupatamarca

Anbauterrassen bei den Ruinen von Wiñyawayna

»Kilometro ochenta y ocho«, ruft bei Kilometerstein 88 der Schaffner. Hier steigen alle Rucksacktouristen, Globetrotter und Trekking-Abenteurer aus, die den klassischen Inka-Trail gehen wollen.

Kurz hinter der Hängebrücke über den Río Urubamba überqueren die Trekker bei den Ruinen von Llactapata mit den typischen Inka-Trapezfenstern den kleinen Río Cusichaca. Nach zwei, drei Stunden kann man im Dorf Huayllabamba (2743 m) eine erste Rast einlegen.

Nach weiteren ein, zwei Stunden auf einem stetig steiler werdenden Weg, an dessen Rand schöne Bromelien wachsen, ist Llulluchapampa (3750 m) erreicht, die erste Übernachtungsmöglichkeit. Kalter Wind fegt am Abend durch die Bäume, dann steigt Nebel kühl und grau aus dem Tal herauf.

Am nächsten Tag ist nach einem sehr steilen Anstieg der höchste Punkt des Trails, der Huarmihuanusca-Paß (4198 m), erreicht. Das Bild, das sich bietet, übertrifft alle Erwartungen: In der Ferne schimmert der schneebedeckte Gipfel des Salcantay (6271 m), grandiose Berge umrahmen das Tal von Huayllabamba.

Wanderer am Huarmihuanusca-Paß

Und während die Sonne den Nebel der Nacht frißt, wird der Blick frei auf die Ruine von Runkuracay, ein Komplex von zwei für die Inka-Architektur untypischen Rundbauten (3799 m). Der Weg führt nun etwa eine Stunde steil aufwärts zum Paß Runkuracay (3998 m), von dem sich ein prächtiger Blick auf die Cordillera Vilcabamba bietet. Steile Treppen führen hinter dem Yanacocha-Tümpel zur Ruine von Sayacmarca (3728 m). Die Festung beeindruckt durch ein enges System von Gassen und ein perfekt konstruiertes Labyrinth. Nach einem neuerlichen kurzen Anstieg, vorbei an schönen Aussichtspunkten auf das Urubambatal, wird die Inkasiedlung »oberhalb der Wolken«, Phuyupatamarca (3627 m), erreicht. Die erst 1985 freigelegte Ruine von Huinay Huayna (2699 m) hängt wie ein Adlerhorst über dem Urubambatal, umgeben von der gigantischen Bergkulisse der eisgepanzerten Felsen des über 6000 Meter hohen Veronica.

Von hier geht es nur noch bergab. Doch der Pfad durch den Nebel- und Regenwald ist steil und glitschig. Auf dem letzten Teilstück wandert man etwa zwei Stunden durch Urwald mit Orchideen und Philodendren am Wegesrand zum letzten Übernachtungsplatz bei Inti Punku (2500 m), wo sich ein überwältigender Anblick bietet: Wie eine Fata Morgana liegt Machu Picchu inmitten einer grandiosen Berglandschaft da.

# REISE-INFO
# *MACHU PICCHU*

**Karte:** Seite 112/113, Planquadrat H 5.

**Anreise:** Die Abfahrtszeiten der Züge ab Cuzco ändern sich häufig. In der Regel gilt, daß der Indio-Zug (Tren local) von der Estación San Pedro um 6.20 Uhr abfährt und etwa 10.30 Uhr an der Estación Puente Ruinas (unterhalb der Ruinen) ankommt; auf der Rückfahrt (17–21 Uhr) hält er nicht an der Estacíon Puente Ruinas, sondern in Aguas Calientes.
Um 6 Uhr fährt von der Estación San Pedro der Touristen-Schienenbus (Autovagón Turismo) nach Machu Picchu, wo er um ca. 9.15 Uhr an der Estación Puente Ruinas ankommt (von dort Busverbindung zur »Verlorenen Stadt«). Dieser Zug hält ebenso wie der um 6.25 Uhr abfahrende Touristenzug (Ankunft 10 Uhr, Tren Ordinario) nicht in Agua Calientes und nicht bei km 88 (Ausstieg Inka-Trail). Rückfahrt des Schienenbusses (15–18.20 Uhr) und des Touristenzuges (16.45 Uhr) mit Ankunft in Cuzco gegen 22 Uhr.
Beliebt sind die Fahrten mit Reisegruppen in Kleinbussen von Urubamba bzw. Ollantaytambo oder Yucay nach Cuzco. Preise ab Cuzco: Autovagón: 55 US-$, Pullman: 34 US-$, Tren Turismo: 20 US-$.

**Unterkunft:** Zwischen Ollantaytambo und Machu Picchu gibt es mehrere gute Unterkünfte, v. a. in Yucay: »Posada del Inca« (Plaza Manco II. de Yucay 123, Tel. 084/201107, Reservierung in Lima unter Tel. 01/2212120), eine ehemalige Klosteranlage mit Kirche und Museum; »Alhambra« (Av. El Sol 594, Tel. 224076) mit schönem Garten. In Ollantaytambo kommt man unter in der von einer US-Amerikanerin geleiteten, direkt am Bahnhof gelegenen einfachen »El Albergue« (Tel. 204014, ab 15 US-$) mit Sauna und sauberen Zimmern. In Machu Picchu empfiehlt sich wegen der Lage direkt am Eingang zu den Ruinen das 1997 renovierte, überteuerte »Machu Picchu Inn/Ruinas« (Tel. 084/226871, Fax 4406197, Reservierung in Lima : Tel. 01/2210824, Fax 2210822) mit Luxus-Zimmern, DZ ca. 170 US-$). Eine schöne Hotelanlage mit Bungalows in tropischem Garten ist »Machu Picchu Pueblo Hotel«, kurz vor Aguas Calientes (Tel. 084/245314, Reservierung in Lima unter Tel. 01/4462775, Fax 4455598; DZ ab 82 US-$), mit Restaurant.

**Inka-Trail:** Entfernungen und Zeitaufwand von Corihuayrachina.

| km | Std. | Route |
|---|---|---|
| 2 | 0,5 | Llactapata (von km 88) |
| 7 | 8,5 | Huayllabamba |
| 1,5 | 1 | Llulluchapampa |
| 2,5 | 2 | Llulluchayoc |
| 4 | 3,5 | Huarmihuanusca |
| 4,5 | 2,5 | Runkuracay |
| 5,4 | 3,5 | Sayacmarca |
| 5 | 3 | Phuyupatamarca |
| 5,75 | 3,25 | Huinay Huayna |
| 5 | 2 | Inti Punku |
| 1,5 | 0,5 | Machu Picchu |
| 44,15 km | | 30,25 Std. |

Es ist wieder (wie bereits früher einmal) geplant, die Personenzahl auf dem Trail zu begrenzen und die Übernachtungsplätze vorzuschreiben. Auf jeden Fall sollte man sich einer kleineren Gruppe anschließen. **Reisezeit:** Der Inka-Trail ist nur für die Zeit Mai–Sept. zu empfehlen. Vor Ort gibt es diverse Unternehmen, die organisierte Touren mit Ausrüstung, Verpflegung, Guide, Hin- und Rücktransport übernehmen (z. B. bei »Peruvian Andean Treks« in Cuzco für die 5-Tage-Tour ab ca. 410 US-$; Av. Pardo 705, Tel. 084/225701, Fax 238922; Partner des Deutschen Alpenvereins).

**Machu Picchu:** Gleich hinter dem Eingang kommt man zu restaurierten Hütten, die gelegentlich als »Wohnungen der Wächter« bezeichnet werden. Wegen der dahinterliegenden Terrassenfelder, die charakteristisch sind für die Inkazeit, nimmt man jedoch an, daß es sich um Unterkünfte der Bauern handelt.
Um eine Vorstellung von der gesamten Anlage zu bekommen, ist es empfehlenswert, zunächst den Aussichtspunkt aufzusuchen. Vom Eingang erreicht man ihn, vorbei an ein paar Hütten und den Terrassenanlagen, über eine steile Treppe an der Stadtmauer entlang den ehemaligen Friedhof hinauf, von wo man die Stätte auf sich wirken lassen kann.
Der Abstieg führt zum Palastviertel mit dem »Rundturm« (Torreón; Karte unten, Planquadrat B 4). Dieser runde, sich verjüngende Turm ist ein Meisterwerk der Steinmetzarbeit. Im Innern befinden sich Nischen, in denen Opfergaben untergebracht wurden. Die Höhle unter dem Rundturm wird Mausoleum genannt. In den Nischen im Inneren sollen sich Mumien bedeutender Inkahäuptlinge befunden haben. Die Grotte wird auch als »Königliches Grab« bezeichnet.
Auf dem Weg zwischen der Brunnen- und der Haupttreppe, also in Richtung Hauptplatz, befindet sich der Königspalast mit seinen mächtigen Mauern und eindrucksvollen Fenstern (B 4). Der Eingang zu diesem Gebäudekomplex besteht aus einem trapezförmigen Tor, das durch einen schweren Monolithen abgedeckt ist. Auf der östlichen Seite der »Akropolis« befindet sich der »Tempel der drei Fenster« (B 3). Daneben steht der Haupttempel auf einem kolossalen Felsfundament mit kunstvollen Steinmetzarbeiten (A 3). Dieser Tempel hat als einziger einen Nebentempel, der auch als Sakristei bezeichnet wird, weil hier die Vorbereitung der Priester auf rituelle Handlungen stattgefunden hat (A 3). Vom Haupttempel führt eine Treppe zu einer felsigen Anhöhe, auf der sich eine kegelförmige Stufenpyramide erhebt. Hier, auf dem höchsten Punkt des sakralen Viertels, steht die Intihuatana, das steinerne Sonnenobservatorium (A/B 2). Der aus einem Felssockel herausragende, mit Stufen verzierte Quarzstein diente astronomischen Zwecken.

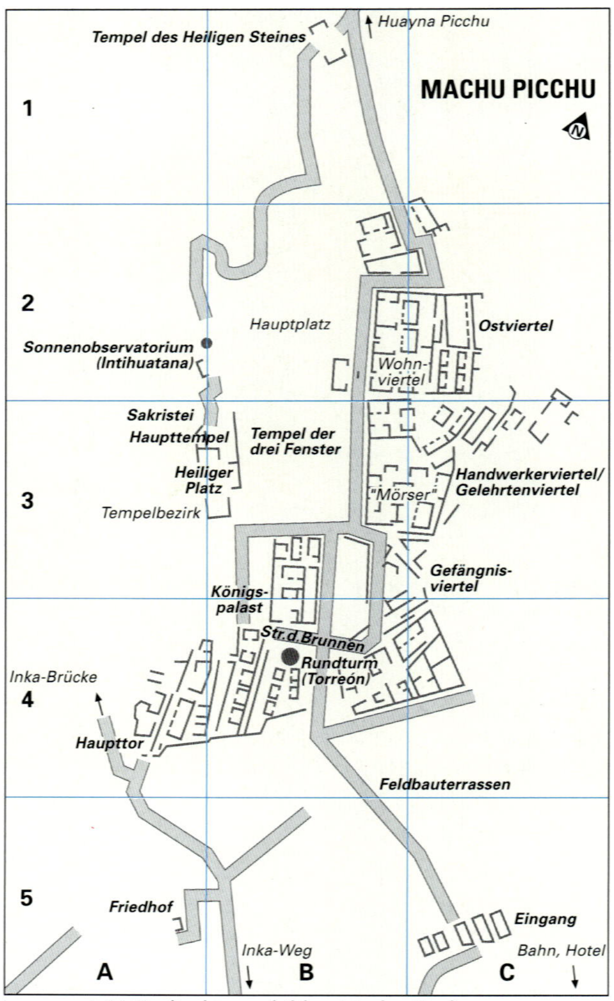

Insgesamt 14 Stadtsektoren bilden Machu Picchu

Schwindelfrei sollte man für den Inka-Trail sein

Züge fahren von Cuzco nach Machu Picchu

Vom Bahnhof führen steile Serpentinen hinauf zur Inkastadt unterhalb des Huayna-Picchu-Gipfels

Panoramablick auf Machu Picchu, das aus 216 Gebäuden besteht

Machu Picchu wurde festungsartig von Mauern geschützt. Jedes der 14 Stadtviertel ließ sich mit Steinblöcken verriegeln und einzeln verteidigen. Mit Hilfe der auf steilen Terrassen angelegten Felder und Gärten rund um die Stadt blieb die Bevölkerung in ihrer Nahrungsmittelversorgung autark. Eine Wasserleitung führte durch die gesamte Anlage, die bis ins 17. Jahrhundert ständig bewohnt gewesen sein soll.

Typisches Teilstück des Inka-Pfades unterhalb des Warmiwañusqa-Passes

# Das andere Peru: die grüne Welt des Río Amazonas

*Großes Foto: Junge am Amazonas mit einem Piranha am Haken. Kleines Foto: Mädchen in Iquitos.*

*Schneebedeckte Andengipfel und in Ponchos gehüllte Indios: Im Osten Perus sind diese Bilder vergessen. Dort bedecken dichte Nebel- und Regenwälder das Land. Bei Iquitos vereinen sich der Río Ucayali und der Marañón zum mächtigen Amazonas, der über 3500 Kilometer das tropische Tiefland durchquert. In dieser amphibischen Region mit den Städten Puerto Maldonado, Iquitos und Pucallpa lassen sich Exkursionen in den Urwald unternehmen mit all seinen exotischen Pflanzen und Tieren. Übernachtet wird in Lodges direkt vor Ort.*

Die Selva, der grüne Regenwald im Osten der Anden, bedeckt rund 60 Prozent Perus – eine Fläche, die mehr als doppelt so groß ist wie Deutschland. Als erster Europäer befuhr Francisco de Orellana mit 57 Söldnern im Jahr 1541/42 den Amazonas. Ihn begleitete der Dominikanerpater Gaspar Fray de Carvajal. Er prägte den Namen dieses wasserreichsten Stromes der Erde. Als nämlich die Expedition den legendären kriegerischen Frauenstämmen begegnete, von denen die Indianer den Spaniern berichtet hatten, drängte sich dem humanistisch gebildeten Padre der Vergleich mit den klassisch-mythischen Amazonen auf. Der Begriff vom »Río Amazonas« war geboren – auch wenn dieses Flußsystem noch eine zeitlang nach seinem Entdecker Río Orellana genannt wurde. Er starb 1546 in Brasilien. Sein Berichterstatter Carvajal, der bei einem Angriff der »Amazonen« ein Auge verloren hatte, engagierte sich nach seiner Rückkehr noch viele Jahrzehnte für die Rechte der Indianer.

Fast neun Monate benötigten die Spanier, um bis zum Atlantik vorzustoßen. Für sie wurde die Amazonasregion tatsächlich zur »grünen Hölle«: Die meisten starben bei dieser Tortur. Für die Touristen von heute ist das Land einfacher zu entdecken. Von den zahlreichen Lodges bei Iquitos, Pucallpa oder Puerto Maldonado beginnen die Trips in das »grüne Universum« – und sind nach ein paar Stunden oder Tagen wieder zu Ende.

## Arche Noah im Regenwald: Nationalpark Manú

Während an den westlichen Hängen der Anden ein warmes und im allgemeinen sonniges, fast mediterranes Wetter herrscht, wuchert am Ostrand des Gebirges an den Hängen unterhalb von 3000 Metern ein schier undurchdringlicher Regenwald. Dank der großen Höhenspanne und der damit verbundenen erheblichen klimatischen Bandbreite hat sich eine faszinierende Vielfalt des Lebens entwickelt. Allein im rund 1,5 Millionen Hektar großen Manú-Nationalpark 100 Kilometer nördlich von Cuzco sind 1000 Vogelspezies zu Hause, etwa ein Zehntel aller Vogelarten der Welt. Über 100 Fledermaus- und über 500 000 Gliederfüßerarten kommen hier vor. Auch die Flora ist außerordentlich vielfältig: Auf fünf Quadratkilometern zählen die Forscher mehr als 3000 Pflanzenarten. Auf einem Hektar wachsen mehr Baumarten als in ganz Europa.

Im Amazonas-Dschungel ist auch der Kautschuk-Baum zu Hause, der Reichtum und Elend über Land und Leute brachte. Nachdem Charles Goodyear 1839 das Vulkanisieren – eine Methode, Gummi bei jeder Temperatur hart und fest halten zu können – entdeckt und John Boyd Dunlop 1888 der Welt den pneumatischen (Fahrrad-)Reifen präsentiert hatte, stieg die Nachfrage nach Gummi enorm an. Während der Boomzeit schossen Städte wie Iquitos oder das brasilianische Manaus aus dem Urwaldboden und konnten sich jeden Luxus leisten.

Doch schon 1876 wurden Tausende von Gummisamen außer Landes geschmuggelt, in Londons Kew Gardens ausgesät und später nach Südostasien gebracht und in großangelegten Plantagen kultiviert. Der Kautschukboom war gegen 1912 beendet, die Preise für das begehrte Naturprodukt sanken ins Uferlose. Iquitos und die anderen Kautschukmetropolen gerieten in Vergessenheit, das schwüle Tropenklima machte sich über die Residenzen der »Gummibarone« her.

Zur Regenzeit versinken die Hütten von Belén teilweise in den Fluten

**Iquitos, das 3700 Kilometer vom Ozean entfernte peruanische »Tor zum Atlantik«, ist einer der wichtigsten Amazonashäfen Südamerikas. Gründung und Hochblüte waren bestimmt durch den Kautschuk-Boom Ende des 19. Jahrhunderts. Heute ist Iquitos ein wichtiger Umschlagplatz für die bedeutenden Ausfuhrprodukte Holz und Erdöl.**

Urwaldboote in Puerto Callao an der Laguna Yarinacocha bei Pucallpa

In Iquitos' ärmlichem Stadtteil Belén werden die Bananen mit dem Boot zum Markt transportiert

Iquitos: Haus aus der Zeit des Kautschukbooms

Allgegenwärtig sind die Motorrad-Rikschas in der Amazonas-Metropole Iquitos

Vom Flugzeug aus scheint der Urwald gigantisch und unversehrt wie eh und je. Aber der Blick aus dem Kabinenfenster täuscht. In den siebziger Jahren wurden hier gewaltige Erdöllagerstätten entdeckt, Iquitos und einige andere Städte erwachten zu neuem Leben. Inzwischen beuten internationale Unternehmen die Vorräte aus, teilweise gelangt vergiftetes Bohrwasser in die Flüsse und Seen, gefährdet und zerstört so den Lebensraum von Menschen, Tieren und Pflanzen.

Die größte Gefahr für dieses einzigartige, mit 50 Millionen Arten angefüllte »grüne Universum« ist jedoch der unkontrollierte Zustrom von Neusiedlern aus den Anden und den überfüllten Küstenstäd-

Im Regenwald des Amazonas sind einige Indianer-Familien seßhaft geworden

ten. Sie roden Böden, die für eine kontinuierliche Landwirtschaft ohne kostspieligen Einsatz von Kunstdünger gar nicht geeignet sind. So müssen sie nach nur wenigen Jahren, wenn die Böden ausgelaugt sind, weiterziehen und weiterroden. Jährlich werden hier etwa 2600 Quadratkilometer Urwald vernichtet – und gehen damit unwiederbringlich verloren.

### Für den Kokastrauch roden die Bauern den Urwald

Auch die Kokabauern – und die Konsumenten in den USA oder Europa – tragen ihren Teil zur Zerstörung des Regenwalds bei. Tausende von Hektar Urwald wurden für illegale Koka-Plantagen vernichtet. Die Heimat der wild wuchernden, robusten Koka-Pflanze ist »La Ceja de la Selva« – die »Augenbraue des Urwalds«. Sie befindet sich dort, wo die ostwärts strömenden Flüsse der Anden eine Übergangszone von den Bergen zum Amazonasbecken mit weiten tropischen Tälern geschaffen haben. Der Kokastrauch, der so gut wie keiner Pflege bedarf und drei- bis viermal im Jahr abgeerntet werden kann, ist im gesamten östlichen Andenraum zu finden und wird auf einer Fläche von etwa 70000 Hektar gepflanzt. Er garantiert rund 80000 Bauernfamilien das – armselige – Überleben.

Vor Überschwemmungen und ungebetenem »Tierbesuch« schützen die typischen Pfahlhütten

Zu jeder Peru-Reise gehört ein Ausflug in die »Grüne Hölle« des Dschungels. Tief im Urwald, 36 Kilometer von Iquitos liegt die »Amazon Lodge«. Von dort führt ein glitschiger Weg in eine tropfendfeuchte Hölle aus Farnen, Schlingpflanzen, ausladenden Büschen, urweltlichen Baumriesen und grellbunten Orchideen. Der Trampelpfad windet sich durch mannshohe Farne, über umgestürzte, modrige Baumstümpfe und durch knöchelhohen Schlamm. Weiße Schleier verhängen die Bäume, auf denen Orchi-

Reiher sind auch im Amazonas-Regenwald heimisch

Affenbaby im Parque Natural Pucallpa

Einst waren die Yagua-Indianer als Kopfjäger gefürchtet

**Im 16. Jahrhundert wurde in Europa ernsthaft diskutiert, ob die Indianer der Neuen Welt überhaupt Abkommen von Adam und Eva und somit menschliche Wesen seien. Die Goldgier der Spanier, die von den Weißen eingeschleppten Seuchen und der Raubbau an den Naturschätzen des Amazonas dezimierten die Ureinwohner, die sich heute in 50 verschiedene ethnische Gruppen unterteilen. Die am Río Ucayali bei Pucallpa beheimateten Shipibo haben sich allerdings ihre ursprüngliche Kultur weitgehend bewahren können und sind Meister der Keramik, die sie ohne Töpferscheibe herstellen und mit inka-ähnlichen Mustern bemalen. Dagegen leben die Yagua an der Grenze zu Brasilien von der Jagd und bauen nur gelegentlich Feldfrüchte an. Die immer noch recht kriegerischen Jivaros an der Grenze zu Ecuador leben in Pfahlhäusern.**

deen und Moose wuchern. Kletterpflanzen verhindern jedes Abweichen von dem schmalen Pfad, der sich über ein Geflecht von Wurzeln schlängelt. Lianen hängen derart tief und dicht von den Bäumen herunter, daß sie grüne Tunnel bilden, durch die man sich hindurchzwängen muß. Moosbärte und Hautfarne schimmern im Licht.

Der Regen- und Nebelwald wehrt sich gegen jeden Eindringling. An den harten Stämmen des Königsbaumes wird jede Machete stumpf. Doch welch ein Kunstwerk hat die Natur hier geschaffen: Bunte Schmetterlinge mit handtellergroßen Flügeln flattern vorbei, Riesenameisen bahnen sich ihren Weg über Baumstümpfe, zerstückeln mit ihren messerscharfen Kiefern Bananenblätter und schleppen sie zu ihren Nestern. Farbenfrohe Vögel schmücken den Urwald, über dem ein süßlicher Duft liegt. Handgroße metallisch-blaue Morpho-Falter gaukeln durch die Luft.

## Bootstour durch das grüne Universum

Wer den Fußweg scheut, kann sich auch per Boot durch dieses Naturwunder fahren lassen. Das Boot tuckert durch ein Labyrinth von Seitenarmen und Kanälen. Pfahlbauhäuser gleiten vorüber; manchmal bestehen sie nur aus einem Stangengerüst, über dem sich ein Dach aus Palmenblättern wölbt, manche sind aus Brettern gebaut und haben bereits ein Dach aus Wellblech.

Außer dem gleichmäßigen Tuckern des Motors sind nur Vogelstimmen aus der Tiefe des Dschungels zu hören, über dem eine drückende, feuchte Hitze liegt. Bemooste Riesenbäume, bis zu 60 Meter hoch, überragen diese grüne Welt. An einigen klettern Schlingpflanzen empor und lassen die Baumgiganten unter ihren Blätterarmen ersticken. Turmhohe Farngewächse ranken sich in den dunstigfarblosen Himmel.

Schwimmende Inseln aus Wasserhyazinthen und entwurzelte Baumriesen, die noch ihre Kronen tragen, kommen dem Boot entgegen. Am Ufer wachsen Orchideen und Bäume, die auf Brettwurzeln stehen, Palmen und Bananenstauden, dazwischen leuchten exotische Pflanzen. Dann begegnet das Touristenschiff den Fischern mit ihren vollbeladenen Booten, und hinter den Wipfeln versinkt die Sonne.

# REISE-INFO OSTEN

## Iquitos

**Karte:** Seite 112/113, Planquadrat C 5.

**Anreise:** Nach Iquitos mit dem Flugzeug tgl. ab Lima (90 Min.), einmal pro Woche von Cuzco.

**Unterkunft:** In Iquitos bietet das »Hotel Iquitos« (Malecón Tarapacá, Tel. 094/231011) an der Uferpromenade Zimmer mit Klimaanlage. Ebenfalls gute Zimmer mit Klimaanlage hat das Hostal »Amazonas« (Arica 108, Plaza de Armas, Tel. 232015, Fax 242431).
**Urwald-Lodges:** »Amazon Village« (Buchung bei Hostal »Amazonas«, s. o.) liegt schön auf dem Flußhochufer des Río Momón und hat bequeme Doppelliegen in jeder Hütte. Ebenfalls auf einer Anhöhe oberhalb des Río Momón liegt das »Amazon Camp«, etwa eine Bootsstunde von Iquitos entfernt (Buchung bei Amazon Tours & Cruises, Requena 336, Tel. 23931, Fax 231265).
36 km von Iquitos entfernt befindet sich in schöner Lage oberhalb des Seitenflusses Yanayacu die »Amazon Lodge« (Buchung bei Amazon Lodges & Safari, Raymondi 382, Tel. 237142, in Lima über 01/4419052) mit palmengedeckten offenen Hütten und Moskitonetzen. »Explorama Tours« (Av. La Marina 340, Tel. 235471, Fax 234968) bietet 40 km den Amazonas aufwärts das komfortable »Explorama Inn« mit Bad, Strom und Ventilator, die ältere und einfache, auf Pfählen errichtete »Explorama Lodge«, 80 km von Iquitos gegenüber der Yanamono-Insel an einem Seitenarm des Río Amazonas (Gemeinschaftsduschen), sowie das auf Pfählen errichtete, mit Moskitonetzen versehene »Explorama Napo Camp« (160 km von Iquitos am Río Napo), dessen Räume untereinander mit Laufstegen verbunden sind (2 Std. zu Fuß zum Amazon Center for Environmental Education and Research, kurz ACEER).

**Essen:** In Iquitos bekommt man gute Fischgerichte und Salate mit Palmherzen im »El Mesón« (Napo 166, Tel. 231197). Empfehlenswert außerdem die »Pizzeria Don Giovanni« (Putumayo 168, Tel. 231892).

**Urwald-Exkursionen:** Von Iquitos kann man mit Motorbooten zu einer der Urwald-Lodges fahren. Sie sind Ausgangspunkt für Wanderungen auf Dschungelpfaden oder für kleinere Bootsfahrten zum Fischen oder zum Beobachten eines Sonnenuntergangs. Berühmt ist der Canopy Walkway, ein 450 m langes Hängebrückensystem beim ACEER.

**Information:** Oficina de Turismo (Napo 176, Mo–Fr 8–14 Uhr) in Iquitos.

## Pucallpa

**Karte:** Seite 112/113, Planquadrat E 4.

**Anreise:** Flugverbindungen tgl. ab Lima und Iquitos.

**Unterkunft:** In Pucallpa kann man im privatisierten »Hotel Sol del Oriente« (San Martín 552, Tel. 064/575154) Zimmer mit Klimaanlage bekommen (Restaurant, Pool). An der Laguna Yarinacocha (s. u. »Urwald-Exkursionen«) befinden sich in schöner Lage auf der Halbinsel die Bungalows »La Cabaña« (Tel. 571120), von denen Bootsausflüge zu den Shipibo-Indianern organisiert werden.

**Urwald-Exkursionen:** Pucallpa besitzt heute schnell wachsende Öl-Raffinerien und Industriebetriebe, bietet aber 10 km entfernt mit der Laguna Yarinacocha ein touristisches Highlight inmitten tropischer Vegetation.

## Puerto Maldonado

**Karte:** Seite 112/113, Planquadrat G 7.

**Anreise:** Nach Puerto Maldonado per Flugzeug tgl. von Lima über Cuzco. Der Flughafen liegt 7 km außerhalb.

Canopy Walkway zwischen den Urwaldwipfeln

**Unterkunft:** Etwa 1 km außerhalb des Ortes liegt in schöner Umgebung am Río Tambopata das »Hotel Puerto Maldonado« (Jr. León Velarde, Tel. 084/571029, Buchung über Büro in Lima, Tel. 01/2240263, Fax 571323) mit Klimaanlage.
**Urwald-Lodges:** Nach ca. 30–45 Minuten Bootsfahrt kommt man zur »Cuzco Amazónico Lodge«, 15 km flußabwärts (Buchung über Büro in Lima, Tel. 01/4462775, Fax 4455598 oder Büro in Cuzco, Tel. 084/232161); die Zimmer haben Bad; es gibt 18 km Wanderwege.

**Urwald-Exkursionen:** Zur Laguna Sandoval (mit eigener Lodge) und zur Laguna Valencia. Der Río Tambopata führt zum Naturpark Tambopata-Candamo (ca. 8 Std. ab Maldonado) mit der Salzstelle La Colpa de Guacamayos, an der zahlreiche Vögel ihren Bedarf an Mineralien decken. Dort gibt es ebenfalls eine einfache Lodge: »Tambopata Research Center« (Rainforest Expeditions, Galeón 120, Lima 41, Tel./Fax 01/389325), 11 DZ mit Gemeinschaftsduschen und -toiletten.

## Manú-Nationalpark

**Karte:** S. 112/113, Planquadrat G/H 5/6.

**Anreise:** Nur mit organisierten Gruppen per Flugzeug oder Auto ab Cuzco.

**Urwald-Lodges:** Reiseveranstalter für den Parque Nacional del Manú ist u. a. »Manú Nature Tours« (Cuzco, Av. Pardo 1046, Tel. 084/252721, Fax 234793), wo man Besuch und Übernachtung in der »Manú Lodge« (direkt an einer Urwaldlagune gelegen) buchen kann. Neu ist die Lodge des »Manú Wildlife Center« mit 15 gepflegten Doppelbett-Bungalows, außerhalb des Parkgebiets, direkt an einer Tapir-Lecke und in der Nähe einer Lehm-Lecke gelegen (Buchung in Deutschland über Inca Travel, Im Wiesgarten 11, 56357 Welterod, Tel. 06775/454, Fax 762). Preisbeispiel: 5 Tage ab 1875 DM, ab/bis Cuzco.

**Urwald-Exkursionen:** Das Naturschutzgebiet des 1968 gegründeten Parks wurde von der Unesco zum »Naturerbe der Menschheit« erklärt und gilt mit fast 1,5 Mio Hektar Fläche als einer der größten Urwaldnationalparks der Welt. Er darf nicht individuell betreten werden, doch führen mehrtägige Gruppen-Ausflüge ab Cuzco zu Urwald-Lodges.

In Iquitos' Stadtteil Belén stehen die Häuser zum Schutz vor Hochwasser auf Stelzen oder auf Flößen

Iglesia Matriz an der Plaza de Armas in Iquitos

ACEER: ein Forschungs- und Ausbildungscamp mitten im Urwald

Ball wird auch im Urwald gespielt

**Der einzigartige Canopy Walkway, ein 450 Meter langes Hängebrückensystem zwischen den Baumriesen, ermöglicht es den Besuchern, die Tierwelt Amazoniens eingehend zu beobachten. Der schwankende Weg durch die Wipfel befindet sich in der Nähe des Amazon Center for Environmental Education and Research (ACEER), eines wissenschaftlichen Forschungszentrums, etwa zwei Wanderstunden von einem Camp entfernt, das im Stil einer Lodge erbaut wurde.**

Touristengruppe unterwegs im Dschungel

# Arte Popular: Keramik, Schmuck und Stoffe

## Kunsthandwerk

In den Anden gibt es seit 10000 Jahren eindrucksvolle Belege kunsthandwerklichen Schaffens, die einen bedeutsamen Beitrag zur Menschheitsgeschichte darstellen. Bevor man Keramik herstellen konnte, wurde Holz bearbeitet und bemalt. Zudem ritzte man vielfältige Ornamente in Kürbisse, später stellte man Flechtarbeiten und Werke der Textilkunst, der Keramik und der Metallurgie her.
Ton ist das traditionelle Material, aus dem Gefäße, Becher und Figuren geformt wurden, allerdings ohne Töpferscheibe, denn die wurde erst von den Spaniern eingeführt. Die den Toten beigelegten Keramiken und Lehmplastiken in der Trujillo-Region geben Aufschluß über die Lebensweise der kriegerischen Moche, die im Norden ansässig waren und ihre Blütezeit von der Zeitenwende bis 800 n. Chr. erlebten. Berühmt sind die Porträtvasen, die einzelne Personen in besonders realistischer Darstellung zeigen. Zu sehen sind ferner figurenreiche Schlachtszenen, die durch zahlreiche Einzelheiten ebenfalls realistisch wirken. Außerdem fällt die Moche-Keramik durch ihren plastischen Formenreichtum auf. Hauptfarbe ist Ziegelrot auf Elfenbeingrund; hinzu kommen später verschiedene Braun- und Schwarztöne.
Auch die Chimú haben in der Keramik einen eigenen Stil entwickelt, der sich in den schwarzen, polierten Tontöpfen eindrucksvoll zeigt. Die Keramikkunst von Nazca südlich von Lima beginnt mit einem rot-weißen Stil, der zeitlich mit den letzten einzigartigen Stickereien von Paracas zusammenfällt (siehe Seite 45). Doch dann ersetzt ein Schokoladenbraun die Feinheiten, die Malerei wird gedrängter, zahlreiche Dämonen haben ebensoviele Menschenköpfe um sich, bis die Zeichnungen sich letztlich ganz in geometrischen Motiven auflösen. Insgesamt besticht die Nazca-Keramik durch ihre Bemalung, die auf dünnwandigen, elegant geformten Gefäßen aufgetragen wurde, sowie den außerordentlichen Dekor- und Formenreichtum. Von 700 n. Chr. geriet jedoch auch dieses Volk in Vergessenheit.
In der heutigen peruanischen Volkskunst, der Arte Popular, leben die Töpfer-Traditionen der frühen Kulturen in vielfältiger Weise fort. So kann man in Quinua, einem rund 30 Kilometer von Ayacucho entfernten Dorf, ganz besondere Arbeiten sehen: Dort schufen die Töpfer zahlreiche windschiefe Tonkirchen. Einst sollten sie die Häuser vor bösen Geistern schützen, heute sind sie begehrte Sammelobjekte.
Landesweit angeboten werden bunte Keramikstiere aus Pucará, rund 100 Kilometer von Puno entfernt. Die handgefertigten Tiere stellten ursprünglich Opfergaben für die Götter der Berge dar und sind heute ein interessantes Beispiel für das Kunsthandwerk der Campesinos, der peruanischen Bauern. Eine Weiterentwicklung der großen Traggefäße der Inkas (Arríbalos) stellen die expressionistischen Keramiken aus Cuzcos Stadtteil San Blas dar. Sie sind verziert mit einfachen, rustikalen Menschen.
Wer sich für Schach interessiert, der mag ein Schachspiel mit dem Inka als Königsfigur und Lamas als Springerfiguren erstehen. Die Figuren sind aus dem weißgrauen Huamanga-Stein hergestellt, dem »peruanischen Marmor«. Aus diesem Gestein, das wie Marmor aussieht, aber eine Art Speckstein ist, sind übrigens auch viele Arbeiten in den peruanischen Kirchen entstanden.
An der Küste findet man Gefäße aus Kürbissen, auf denen Szenen aus dem Alltag der Indios dargestellt sind. Man verwendet sie heute als Schmuckkästchen oder Zuckerdosen.
Das bekannteste Beispiel der Kunst der Amazonas-Indianer ist die Töpferei der Shipibos. Die von den Frauen hergestellten Tonprodukte zeigen zarte Musterungen in schwarzer, brauner und roter Farbe, mit Baumharz glasiert, in vielfachen Kombinationen. In viereckigen Figuren werden allgemein Himmel und Erde dargestellt, in deren Mitte sich ein kreuzförmiges Zeichen befindet. Der Regenbogen wird als große Flußschlange abgebildet. Kaufen kann man diese Arbeiten nur in Pucallpa und in der Shipibo-Kooperative in Puerto Callao.
Stoffe mit geometrischen Mustern und Streifen gehören ebenfalls seit Jahrtausenden zum Kunsthandwerk der Indiobevölkerung. Bei den Touristen beliebt sind Webarbeiten wie Tragetücher (Mantas), Bänder (Chumpis) und die aus Lama- oder Schafwolle hergestellten Pullover (Chompas). Viel gekauft werden weiter-

Museum Bruning: Krieger aus dem Sipán-Grab

Auch diese Figur aus den Grabstätten von Sipán befindet sich im Bruning-Museum in Lambayeque

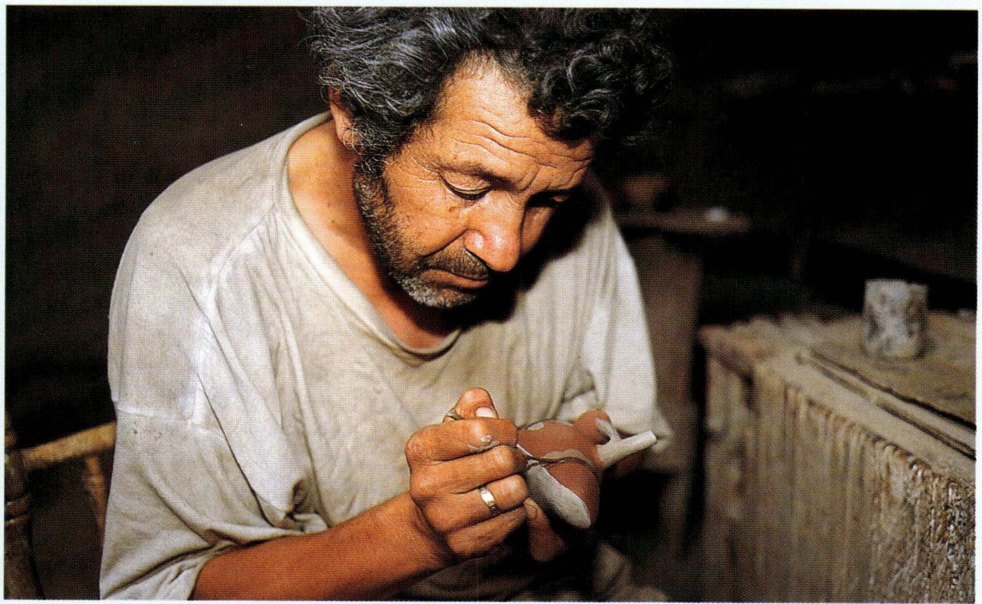

Schon vor über tausend Jahren schufen die Kunsthandwerker in Nazca eindrucksvolle Keramiken

hin Stricksachen, wie Ponchos, Mützen, Gürtel, sowie Stickereien mit romantischen Motiven in leuchtenden Farben, wie Blumenranken oder Vögel.

Keramik aus der Pyramidenstadt Tácume

Dabei sind die Muster und Figuren, zumindest ursprünglich, keine reine Dekoration. In einer viele Jahrhunderte lang schriftlosen Kultur erzählen sie Geschichten und stellen Alltägliches und Festlichkeiten dar. Zwar haben sich die Kunsthandwerker inzwischen an den Touristengeschmack angepaßt, dennoch blieben die traditionellen Motive im Kern erhalten.

In vielen Dörfern der Anden lebt die Bevölkerung von der Herstellung von Ponchos, Wandteppichen und Wolldecken, die wie seit Jahrhunderten per Hand produziert werden. Wie in alten Zeiten drehen die Frauen mit ihren Händen die Spinnwirtel, um das Garn herzustellen. Das gebräuchlichste Webgerät ist der Rückenbandwebstuhl: Er besteht aus zwei parallelen Holzstäben. Der »Kettbaum« wird an einem Baum oder Pfahl befestigt, der »Brustbaum« mit einem Gurt um den Rücken der Weberin geschlungen. Lockern und spannen kann man den im ganzen Land verwendeten Webstuhl durch Vor- und Zurücklehnen. Am Ende waschen die Frauen die fertigen Produkte in den eiskalten Flüssen. Felle von Lamas und Alpacas kommen als prächtige Wandteppiche, Läufer und Bettvorleger auf die Märkte. Im ganzen Land findet man auch kleine Teppiche aus Lamawolle, feine Alpaca-Pullover, kleine Wollbeutel (Chuspas) für Kokablätter, gewebte Kissenbezüge, Decken und Baumwolltücher. Auf der Insel Taquili im Titicacasee verraten die Farben der Web- und Strickwaren noch heute Rang und Familienstand des Besitzers. Man kann diese Erzeugnisse auf der Insel selbst oder in Cuzco kaufen.

Zu den anmutigsten Arbeiten der Arte Popular zählen die Retablos, kleine Urnen, Kästen und Schränke, die aus Knetmasse angefertigte Figuren enthalten. Die Figuren werden auch einzeln verkauft und dienen der Landbevölkerung noch heute dazu, Regen, Reichtum oder Gesundheit zu erflehen.

Bekannt sind auch die Erzeugnisse peruanischer Korbflechter, die man sowohl auf den Schilfrohr-Inseln des Titicacasees als auch in den Fischerdörfern an der Küste findet: Körbe, Miniatur-Boote, Hängematten und fein geflochtene Strohhüte. Schließlich kann man geschnitzte, hölzerne Madonnenfiguren erstehen, die wie Campesinos gekleidet und von Engeln mit Indiogesichtern umgeben sind – ein gutes Beispiel für die Vermischung unterschiedlichster Kulturen und Traditionen.

Überall in den Juweliergeschäften (Joyerías) sind Silber- und Goldarbeiten mit altperuanischen Motiven sowie Repliken inkaischer Ketten zu haben. Neben feinem Schmuck aus Gold, Silber und Türkis, insbesondere Halsketten und Ohrringe, findet man Schmuck aus nicht mehr im Umlauf befindlichen peruanischen Münzen. Gold, häufig mit Silber und Halbedelsteinen angereichert, wird in schweren Armbändern verwendet. Silber sollte auf der Rückseite immer mit der Nummer »925« gekennzeichnet sein. Es gibt auch silberverzierte Kristallgläser, Obstschalen und Kerzenhalter sowie gold- und silberverzierte Weingläser und Zinnkrüge. Die dekorativen goldgerahmten Spiegel stammen ursprünglich aus Cajamarca.

Seit Jahrtausenden werden in Peru bunte Stoffe mit geometrischen Mustern gewebt

# Mit Quena, Charango, Bombo und Zampoña

## Musik

Vielen Reisenden fällt sofort der Titel »El Condor Pasa« ein, wenn von peruanischer Folklore-Musik die Rede ist. Daß diese Melodie, die in den sechziger Jahren von Paul Simon und Art Garfunkel sowie der Gruppe »Los Incas« populär gemacht wurde, aus einer Operette der zwanziger Jahre von Daniel Alomia Robles stammt, hat ihrer Beliebtheit keinen Abbruch getan.

»In der Musik Perus spiegeln sich die Geschichte und das Selbstverständnis seines Volkes«, schreibt der Schriftsteller José María Arguedas. Dies gilt besonders für die Andenfolklore. Wie Abbildungen von Musikern auf alten Bechern oder auf dem Sonnentor von Tiahuanacu zeigen, wurde im Andenhochland bereits lange vor der Eroberung durch die Spanier musiziert.

Allerdings besaß die Inkamusik im Gegensatz zur europäischen Musik, die nur Dur und Moll kennt, wahrscheinlich zwei Modi in Dur, zwei in Moll und einen neutralen Modus. Der Rhythmus war binär, also aus zwei Einheiten bestehend, wobei jedoch häufig Synkopen verwendet wurden, d. h. ein leichter und ein schwerer Taktteil wurden rhythmisch miteinander verbunden. Die Indiomusik der Anden klingt mit der typisch melancholischen Melodik im Fünf-Ton-System für europäische Ohren oft fremdartig und exotisch, ist aber gerade wegen der klagenden Töne der Andenflöte bei Touristen beliebt.

Um 1550 gab Pedro de la Gasca, der »Befrieder Perus« (Pacificador), den Missionaren den Auftrag, die Indianer zu »erziehen« und ihnen das Singen der Tonleiter sowie den Chorgesang beizubringen. Ergebnis dieser Anstrengungen war eine »Mestizen-Tonleiter« in Heptatonik, von C bis B, noch ähnlich der Musik des Mittelalters. Der Erzbischof von Lima ging noch weiter und wollte die fremdartigen Musiktraditionen des Landes auslöschen, indem er 1614 anordnete, alle Indio-Musikinstrumente zu verbrennen. Tausende Instrumente wurden ein Opfer der Flammen, aber ganz tilgen ließ sich die Indio-Musik dennoch nie, obwohl ihre Ausübung mit harten Strafen belegt war.

Weit verbreitet ist der Paartanz Huayno im 4/4-Takt, der, wie die ganze indianische Folklore, fünfstufig aufgebaut und in den nördlichen Provinzen mit spanischen, im Hochland mit indianischen Texten abgefaßt ist. Aus der traditionellen Musik hat sich eine populäre Folklore-Musik des Huayno entwickelt, die in vielfältiger Weise Musik und Tanz mit Poesie verbindet und mit seinem 2/4-Takt und

Zu den Standardinstrumenten der peruanischen Folklore gehört die mandolinenartige Charango

Musikant mit einer Quena

dem Rhythmus im Grunde eine Art Tanzmusik ist, aber auch die Tradition der mündlichen Überlieferung pflegt. Die kurzen, sich auf wenige Sequenzen beschränkenden Melodien werden nach der kurzen Einleitung mehrere Male wiederholt, wobei die Musiker dem binären Rhythmus entsprechend kleine trippelnde Wechselschritte vollführen oder von einem Bein auf das andere hüpfen. In den Städten werden Text und Musik des Huayno auch mit dem Rhythmus und den Instrumenten der »Música Tropical«, der Cumbia, kombiniert.

Die Indios kennen drei Arten von Blasinstrumenten: Die Quena, eine Flöte aus Rohr oder Holz mit eingeschnittener Anblaskerbe, besitzt in der Regel sechs Oberlöcher und ein Daumenloch. Die Zampoña oder Siku, eine Panflöte, besteht aus zwei Reihen paarweise gespielter, doppelreihiger Rohrpfeifen. Die meist 13 Bambusflöten unterschiedlicher Länge und verschiedenen Durchmessers sind am unteren Ende verschlossen. Die Lippen des Spielers gleiten über die Röhrchen und erzeugen die typisch klagenden Laute der diatonischen Dur-Tonleiter. Bei den Ketschua hieß die Panflöte Antara, bei den Aymará trägt sie den Namen Siku. Da diese Instrumente über den Rohrenden angeblasen werden, wird ein gehauchter Ton erzeugt, der so hoch sein kann wie das Pfeifen eines Vogels oder so tief wie das Brummen eines Fagotts.

Die dritte Gruppe der Indio-Blasinstrumente bilden die Kernspaltflöten, Flavato,

Typisches Andenensemble, wie man es auch vielerorts in Deutschland sehen und hören kann

Pinkillo, Tarka oder Tokuru genannt. Sie sind wie die Blockflöte mit je einem Aufschnitt und einem eingesetzten Kern versehen. Der hornähnliche Klang der Trompete aus Seemuscheln (Pututu) ist nur noch in wenigen Dörfern tief in den Bergen zu hören. Diese Trompete wird heute vielfach aus Kuhhorn hergestellt.
Zudem gibt es mehrere Saiteninstrumente, deren Tonbereich die diatonische C-Dur-Tonleiter über vier oder fünf Oktaven umfaßt. Bekannt ist die Charango, ein mandolinenartiges Saiteninstrument, das einer kleinen Gitarre gleicht. Der Resonanzkörper wurde früher meist aus dem Panzer eines Gürteltiers hergestellt. Der Spieler zupft mit seinem Zeigefinger an den fünf oder sechs Darm- bzw. Metallsaitenpaaren und erzeugt damit einen recht hohen Klang. Die Andenharfe hat 36 Saiten mit fünf Oktaven der diatonischen Tonleiter.

Die Panflöte sorgt für den typischen Indio-Sound

Zum grundlegenden Instrumente-Repertoire der Indios gehört auch der Bombo, eine mit Ziegenhaut bespannte tiefe Baßtrommel, die wie eine Pauke geschlagen wird. Es gibt unterschiedlich große Zylindertrommeln, die mit einem gepolsterten Schlegel (Wajta) geschlagen werden und unten manchmal noch mit einer Scharrsaite versehen sind.
An der Küste mischen sich meist spanische und negroide Musik-Elemente; in den Städten gibt es folkloristische Kneipen (Peñas), in denen Musikgruppen auftreten und die Música Criolla allabendlich zu erleben ist. Die Stadt Chincha südlich von Lima, aber auch die Hauptstadt selbst gelten als Zentren der afroperuanischen Musik, denn hier leben viele Nachfahren der schwarzen Sklaven. Instrumentiert wird diese Musik mit der Gitarre und dem Cajón, einer einfachen Holzkiste, die als Trommel dient.
Die vorwiegend auf Saiteninstrumenten gespielte Marinera im 6/8-Takt, eine Folge schneller, rhythmischer Weisen, gilt als der wohl beliebteste Tanz und wird vor allem im Raum Trujillo oft aufgeführt. Als »Entdeckerin« dieses Tanzes gilt die Pianistin Rosa Mercedes Ayaza de Morales (1889–1969), die sich um die Folklore-Musik der Küste verdient gemacht hat. Die beiden Tänze Festejo und Alcatraz haben die Erotik zum Hauptthema und waren während der Kolonialzeit wegen »Obszönität« verboten. Ruhiger sind die melancholischen Weisen der Panalivio und der Habanera (welcher die Sklaverei thematisiert), die von einem tangoähnlichen Rhythmus bestimmt werden.

Die Música Criolla hat den Vals als Variante des Walzers und die Polka aus den europäischen Salons des 19. Jahrhunderts übernommen und bearbeitet, besonders in ihrer Blütezeit um 1920, als die »Valses« von Pinglo auch über die Landesgrenzen berühmt wurden. In den letzten Jahren wurden Stilelemente des Jazz und des Bossa Nova in die Música Criolla übernommen.
Der Liebeskummer in all seinen Variationen wird im langsamen und melancholischen Yaravi behandelt, der auf Bittgesänge der Inkazeit zurückgeht. Sie wurden bei Hochzeiten oder während der Aussaat vorgetragen. Der Yaravi hat seine höchste Vollendung in den Versen und Trauerliedern des Dichters Mariano Melgar (1792–1815) aus Arequipa gefunden.
Musik spielt auch eine große Rolle beim Karneval, der weit verbreitet ist in Peru und sich vermutlich aus inkaischen Fruchtbarkeitsriten ableitet.

Die Andenharfe hat 36 Saiten und 5 Oktaven

Zu den international bekannt gewordenen Solisten Perus zählen die Indio-Sängerin Yma Sumac sowie der Sänger Luigi Alva, der in Italien wohnt. Als hervorragender Interpret peruanischer Folklore-Musik gilt der in der Schweiz geborene Quena-Spieler Raimund Thevenot. In Peru arbeitet die Sängerin Eva Ayllón, eine der angesehensten Interpretinnen der kreolischen Musik. Bei Touristen beliebt ist die Musik der aus Ica stammenden Folklore-Gruppe »Horizonte«.

# Allgemeine Reise-Informationen

Peru ist nach Brasilien und Argentinien das drittgrößte Land Südamerikas. Es umfaßt 1,285 Mio. qkm und besitzt eine 2135 km lange Küste entlang des Pazifiks. Die sich von Norden nach Süden ziehende Bergkette der Anden teilt das Land in die trockene Wüstenregion im Westen und den feuchtwarmen Regenwald des Amazonas im Osten. Dazwischen liegt die Sierra, die Bergwelt mit fruchtbaren Tälern und Hochebenen. Nach Brasilien besitzt Peru das zweitgrößte zusammenhängende Urwaldgebiet der westlichen Hemisphäre.

Etwa die Hälfte aller Peruaner sind Nachfahren der indianischen Urbevölkerung. Die meisten stammen aus dem Hochland und sprechen Ketschua, die Sprache der Inkas, oder Aymará, die am Titicacasee übliche Sprache. Rund eine Viertelmillion Menschen aus verschiedenen ethnischen Gruppen leben im Tiefland des Amazonas.

Ein Drittel der Bevölkerung zählt zu den »Mestizos«, Mischlingen aus Spaniern und Indianern. Daneben gibt es Minderheiten von Schwarzen, Mulatten, Chinesen und Japanern, die rund fünf Prozent ausmachen. Heute sind die »Nikei«, wie die Japaner bezeichnet werden, die größte Einwanderergruppe; sie stellen mit Fujimori auch den Präsidenten.

Cuzco: Peruanische Flagge und Inka-Fahne

## Adressen

Peruanische Botschaft in Bonn: Godesberger Allee 125–127, 53175 Bonn, Tel. 0228/373045, Fax 379475. Generalkonsulate gibt es in Berlin (Schadowstraße 6, 10117 Berlin, Tel. 030/2291455), Frankfurt (s. u.) und Hamburg (Blumenstraße 28, 22301 Hamburg, Tel. 040/476745, Fax 481854). Konsulate sind zu finden in Bremen (Martinistraße 58, 28195 Bremen, Tel. 0421/15629), Hannover (Messegelände, 30521 Hannover, Tel. 0511/8931004, Fax 8932647) und Stuttgart (Leuschnerstraße 45, 70176 Stuttgart, Tel. 0711/6665103).

Deutsche Botschaft in Lima: Av. Arequipa 4204-4210, Miraflores, Lima 18, Tel. 01/4424919, Fax 4426475, Mo–Fr 9–12 Uhr. Honorarkonsulate in Arequipa (Tel. 054/232921), Cuzco (Tel. 084/232096), Iquitos (Tel. 094/232763), Piura (Tel. 074/332920), Trujillo (Tel. 044/245903).

Informationen über Peru erhält man in Deutschland vom Generalkonsulat von Peru, Rossmarkt 14, 60311 Frankfurt/Main, Tel. 069/1330926, Fax 295740. In Peru erteilen Auskunft: Hotline Tel. 2247888 oder 2248600. Landesweite gebührenfreie Hotline Tel. 0800/42579; PromPerú (Calle Uno Oeste, Lima 27, Tel. 01/2243125, Fax 2243323; Internet: http//www.rcp.net.pe./promperu).

Außerdem gibt es in Peru eine Hotline für Touristen: Linea de Servicio de la Proteccional al Turista, Tel. 0800/42579 (gebührenfrei, Sprachen: Englisch, Französisch und Italienisch).

Die Vertretung der Lufthansa vor Ort in Peru befindet sich in San Isidro, Lima, Av. Felipe Pardo y Aliaga 640, Tel. 01/4424466, Fax 4405644.

## Anreise

Der ca. 16 km nordwestlich vom Zentrum Limas entfernte Flughafen Aeropuerto Jorge Chávez ist Zielpunkt für Reisende aus dem In- und Ausland. Er wird von europäischen sowie (süd-)amerikanischen Airlines angeflogen.

Zu jedem Flugplatz in Peru bestehen fast täglich Flugverbindungen. Die wichtigste Fluggesellschaft ist Aéro Perú (Av. José Pardo 605, Miraflores, Tel. 01/4471990, Fax 4478862). Auskünfte über Tarife von Aéro Perú erteilt in Deutschland Sano Air (An der Trift 65, 63303 Dreieich, Tel. 06103/987935).

Zuverlässige und sichere Verkehrsmittel vom Flughafen nach Lima sind Taxis. Für eine Taxifahrt nach Lima muß man 10–20 US-$ bezahlen. Es verkehren auch Kleinbusse in unregelmäßigen Abständen und je nach Bedarf.

## Einreise, Ausreise

Bürger der EU benötigen einen Reisepaß, der noch mindestens sechs Monate ab dem Einreisedatum gültig sein muß. Bei der Einreise wird lediglich ein Sichtvermerk in den Paß gestempelt, der zu einem Aufenthalt bis zu 90 Tagen berechtigt. Urlauber, die einen zweitägigen Transitaufenthalt planen, können ohne Formalitäten einreisen; gefordert werden allerdings ein Ausreise-Ticket

**REISEDATEN PERU**

| Flug von Deutschland | Inlandsverkehr | Reisepapiere | Devisen | Mietwagen | Benzin | Hotel | Hostal | Menü | Einfaches Essen | Ortszeit | Machu Picchu |
|---|---|---|---|---|---|---|---|---|---|---|---|
| ab 1550 DM (nach Lima) | Bahnfahrt Puno–Cuzco 18 DM | Reisepaß, mindestens 6 Monate gültig | 1US-$ = 2,69 S/. (Nuevo Sol) 1S/. = 0,65 DM | ab 100 DM pro Tag (inkl. 200 Freikilometer) | 1 l Super: ca. 1 DM | DZ 170–280 DM | DZ 80–120 DM | 25–60 DM (pro Person, o. Getränke) | Fast food: 10–20 DM (pro Person) | MEZ -6 Std. MESZ -7 Std. | Anfahrt: 100 DM (Autovagón); Eintritt: 18 DM |

und ein Nachweis, daß Reisegeld in ausreichender Höhe vorhanden ist. Bei der Ausreise wird eine Flughafensteuer in Höhe von 25 US-$ fällig.

## Elektrizität

Die Netzspannung beträgt 220 Volt Wechselstrom mit 60 Hz (in Arequipa 50 Hz). Die Steckdosen sind meist auf amerikanische Flachstecker ausgerichtet, so daß man einen Adapter benötigt. Größere Hotels haben Steckdosen mit 110 Volt für Rasierapparate in den Badezimmern.

## Feste, Feiertage

Musik spielt bei den Festen eine große Rolle: Posaunenbläser in Ichu bei Puno

Rund um den Titicacasee finden kontinuierlich zahlreiche Feste statt. Die meisten Reisenden werden deshalb wenigstens einer festlichen Gemeinde in Puno, Pomata oder Copacabana begegnen.

**Februar–März:** In dieser Zeit wird in der Canas-Region, einem entlegenen Berggebiet im Cuzco-Departement, der Canas-Karneval begangen. Männer und Frauen reiten auf ihren Pferden zum Festplatz und galoppieren um den Platz. Als Dank für die Vermehrung der Alpakas und Lamas wird der »Tanz der Paare« getanzt, der auf humorvolle Weise den Geschlechtsakt symbolisiert. Männer und Frauen in farbenprächtigen Trachten tanzen zunächst im Kreis, dann paarweise, eng aneinandergeschmiegt. Die Lieder, begleitet von Flöten (Pincullu oder Modeno), handeln von der Liebe.

**1. Mai:** Tag der Arbeit (Dia del Trabajo), offizieller Feiertag mit Festumzügen und Paraden.

**Mai/Juni (Fronleichnam):** Besonders eindrucksvoll ist die Fronleichnams-Prozession (Corpus Christi) aus den Kirchen von Cuzco und der Umgebung, zu der die 14 Nothelfer um die Plaza de Armas getragen werden. Die Spitze der Prozession bildet die Silberkarosse aus der Kathedrale mit der Monstranz aus dem Kloster La Merced. Die Heiligen, die auf Podesten getragen werden, ersetzen die Mumien verstorbener Inkas früherer Zeiten. In den Tagen vor Fronleichnam findet in Cuzco das »Sterne- und Schneefest« (Qoyllur Ritíi) statt. Tausende von Menschen pilgern südöstlich von Cuzco in die Hochanden zur Besteigung eines Gletschers am Auzangate. Vom Gipfel werden die als heilbringend angesehenen Eisstücke und ganze Eisblöcke ins Tal transportiert. Die Pilger werden von Tänzern in farbenprächtigen Kostümen und mit bizarren Masken sowie Dorfmusikanten begleitet, um dem Señor de Qoyllur Ritíi zu huldigen, der Symbolfigur für die Vermischung indianischen und christlichen Glaubens. Am letzten Tag des Festes tragen die Teilnehmer das Heilige Kreuz vom Gletscher den Berg hinunter durch den Schnee und den felsigen »Garten Gottes«.

**24. Juni/Sonnenwende:** Das eindrucksvollste der folkloristischen Feste ist Inti Raymi zur Zeit der Sonnenwende zwischen den Festungsmauern von Sacsayhuamán bei Cuzco alljährlich am 24. Juni (siehe auch Seite 74). Bereits am Abend des 23. Juni werden Musik- und Tanzwettbewerbe veranstaltet, und verkleidete und maskierte Menschen ziehen mit farbenprächtigem Gefolge durch die Gassen von Cuzco.

**28./29. Juli:** Unabhängigkeitstag (Fiesta Patrias): offizieller Feiertag mit Festumzügen und Paraden.

**9. Oktober:** Staatsfeiertag (Dia de la Dignidad Nacional): offizieller Feiertage mit Festumzügen und Paraden.

**Dezember (Heiligabend):** Am Heiligabend findet auf der Plaza de Armas in Cuzco ein wunderschönes Fest namens Santa Rantikuy statt, auf dem von den Einwohnern handgefertigte Krippen (Nacimientos) angeboten werden.

Besonders eindrucksvoll ist das Inti-Raymi-Fest am 24. Juni in Cuzco

## Fotografieren

Peru ist mit seinen bunten Indio-Märkten, den intensiven Farben und wegen seiner aufregenden Naturmotive in den Anden ein ideales Land zum Fotografieren. Filme und Batterien sollte man von zu Hause mitbringen. Ein Blitzgerät ist nützlich beim Fotografieren in einem Land, in dem harte Licht-Schatten-Verhältnisse vorherrschen. Für Aufnahmen in den Kirchen und Museen (sofern sie überhaupt gestattet sind) empfehlen sich hochempfindliche Filme, da Blitzlichtaufnahmen fast ausnahmslos untersagt sind. Beim Ablichten von Menschen, insbesondere von Indios, ist Vorsicht geboten.

Auf jeden Fall sollte man vorher um Erlaubnis fragen (»me permite?«), da einige Einheimische befürchten, beim Fotografieren einen Teil ihrer Seele zu verlieren. Unbedenklich dagegen sind Aufnahmen auf Märkten und mit einem Teleobjektiv aus weiter Entfernung. In den Touristenzentren, wie Cuzco oder Puno, werden die Reisenden mittlerweile unerbittlich zur Kasse gebeten, Fotografieren ist nur noch gegen Bezahlung möglich.

## Geld

Landeswährung ist seit 1991 der Nuevo Sol (S/.; kurz »Sol«) = 100 Céntimos. Es empfiehlt sich, US-Dollar mitzunehmen, die in Banken und Hotels problemlos eingetauscht werden können. US-Dollar werden auch offiziell auf der Straße und in Wechselstuben (Casas de Cambio) getauscht, wobei nach offiziellem Kurs 1 US-$ etwa 2,69 Nuevos Soles entspricht. Reiseschecks sind äußerst selten und nur mit Gebührenaufschlägen von bis zu 10 Prozent einzulösen.
Kreditkarten werden in den Städten von fast allen besseren Hotels, guten Restaurants, Geschäften, seriösen Reiseveranstaltern sowie als Mietwagen-Kaution akzeptiert. Notrufnummern bei Diebstahl: American Express (Tel. 01/330-4482 oder 01/330-4485), Eurocard/Mastercard (Tel. 01/422-3335 oder 01/427-5600), Diners Club (Tel. 01/221-2050), Visa (Tel. 01/441-2112).

## Geschäftszeiten

Ladenschlußzeiten werden in Peru nicht strikt eingehalten. Supermärkte haben in der Regel von 9–12.30 und 15–19 Uhr geöffnet. Die meisten Geschäfte haben Öffnungszeiten zwischen 9 bzw. 10 bis 19 bzw. 20 Uhr mit einer ausgedehnten Siesta zwischen 13 und 15 Uhr.
Banken besucht man Mo–Fr zwischen 9 und 12.30 sowie 15 und 18 Uhr, in den Monaten Januar bis März nur vormittags. Das gleiche gilt für Behördengänge. Casas de Cambio sind Mo–Fr von 9–18 Uhr, Postschalter Mo–Sa von 8–20 Uhr geöffnet.

## Gesundheit, Impfungen

Schutzimpfungen sind nicht vorgeschrieben. Es wird ein Schutz gegen Gelbfieber empfohlen. Bei Reisen in das Amazonasgebiet ist eine Malariaprophylaxe ratsam.
Da es nur in den größeren Städten einige Gesundheitseinrichtungen gibt, ist eine Reiseapotheke empfehlenswert.
Vorsorge ist beim Essen und Trinken geboten. Problematisch sind roher Fisch, Salate, offene Getränke, Speiseeis und

Miraflores: Imbißstand mit dem Restaurant »La Rosa Nautica« im Hintergrund

Leitungswasser. Da Vitamine die Abwehrkräfte des Körpers gegen Krankheiten stärken, sollte täglich Obst gegessen werden, das es in Peru reichlich gibt. Außerdem sind beim Trekking Salztabletten wichtig, da der Salzverlust des Körpers beim Schwitzen ausgeglichen werden muß (siehe auch Seite 30).
Nicht zu unterschätzen sind die Auswirkungen der ungewohnten Höhe in den Anden, wenn der Körper nicht genügend Zeit hat, auf den verringerten Sauerstoffdruck in der Luft zu reagieren. Zur Bewältigung der Anpassungsprobleme eignet sich der überall erhältliche Mate-de-Coca-Tee. Anzeichen für die gefürchtete und lebensgefährliche Höhenkrankheit (»Soroche«) sind Kopfschmerzen, Müdigkeit, Atemnot, Herzklopfen, Übelkeit, Erbrechen und Appetitlosigkeit. Aus höheren Lagen sollte man dann schnell in tiefere Lagen absteigen und unbedingt einen Arzt aufsuchen. Wichtig ist, viel zu trinken und den Körper in den ersten Tagen nicht mit zu reichlichem und fettem Essen zu belasten. Gegen Übelkeit hilft »Gravol«, gegen Durchfall »Liprobay« und »Lapedium«.

Mutter und Kind auf dem Markt in Pisac

## Kleidung, Ausrüstung

In Peru legt man Wert auf ein gepflegtes Äußeres. Kurze Hosen und allzu freizügige Kleidung sind in Kirchen unangebracht.
Den unterschiedlichen Klimazonen entsprechend ist auch die Auswahl der Kleidung vorzunehmen. An der Küste und im Tiefland benötigt man leichte Übergangskleidung, möglichst aus Baumwolle. Im Amazonasgebiet ist Tropenkleidung von Nutzen. Für Urwaldexkursionen empfiehlt sich robuste Baumwollkleidung. Hemden mit langen Ärmeln sind gut gegen die Moskitoplage in niedrigen Lagen. Hohe Stiefel sind sinnvoll gegen Schlangen, Skorpione und Spinnen. Erforderlich ist auch ein gutes Sonnenschutzmittel mit hohem Lichtschutzfaktor sowie eine gute Sonnenbrille (Ersatzbrille).
Im Hochland sind Pullover, feste Schuhe, eine Kopfbedeckung gegen die extrem starke Sonneneinstrahlung, Sonnencreme und ein Regenschutz erforderlich. Auf Schmuck sollte in der armen Region möglichst verzichtet werden.

Art und Umfang der Ausrüstung und des Gepäcks hängen entscheidend von der Reiseform und dem Zielgebiet ab. Gruppenreisende sollten beachten, daß während der Flüge nicht selten Gepäckstücke verlorengehen, zurückgelassen oder fehltransportiert werden. Deshalb empfiehlt es sich, die wichtigsten Gegenstände im Handgepäck unterzubringen und in die Kabine mitzunehmen.
Für Reisen in das Amazonasgebiet, aber auch für Fahrten mit dem Geländewagen und mit einheimischen Verkehrsmitteln sollte man eine Tragetasche (Reisetasche) oder einen Seesack mitnehmen. Diese sollten allerdings gut verschließbar sein; zudem gelten Trekker in Peru oftmals als besonders drogenverdächtig und unterliegen weit häufiger intensiven Polizei- und Zollkontrollen als Pauschalreisende.
In den gehobenen und guten Hotels in Lima, Cuzco usw. sind die Unterkunftsbedingungen normal (Stromanschluß, Reinigungsmöglichkeiten usw.), d. h. auch das Gepäck kann normalen Umfang haben. Bei Überlandfahrten auf individuellen Routen und mit Übernachtung in einfachen Unterkünften oder Campingvorhaben muß jedoch das Notwendigste mitgeführt werden (Seife, Waschtücher, batteriebetriebener Rasierapparat, Toilettenpapier, Taschenlampe usw.).

Zwischen Mitte Mai und Anfang September ist das Wetter in den Bergen am besten

## Klima, Reisezeit

Für das Klima in Peru ist die Höhenlage ebenso wichtig wie die Breitenlage. Sie ist dafür verantwortlich, daß es an der Westseite der Westkordillere und an der Ostseite der Ostkordillere viel Regen gibt, geringe Niederschläge dagegen in den zwischen den Kordilleren gelegenen Hochbecken typisch sind. Dazu kommt, daß es in den Bergen größere Gegensätze zwischen Tag- und Nachttemperaturen als im Tiefland gibt. Allgemein herrschen hier erheblich niedrigere Temperaturen als im Tiefland, so daß das Klima in den Anden als warm-gemäßigtes, frühlingshaftes Höhenklima gilt. Beste Reisezeit für das Hochgebirge sind die Monate Juni, Juli und August, wobei sich zum Bergsteigen besonders die Monate Mitte Mai bis Mitte Juli und für Trekking sowie Wanderungen die Monate Mitte Juli bis Ende August/Anfang September eignen. Diese Wintermonate, die dem europäischen Sommer entsprechen, zeichnen sich in den Anden durch sonniges und klares Wetter, allerdings nachts auch empfindliche Kälte aus.
Zu dieser Zeit schafft der Garúa (Nebel und Nieselregen bei wolkenverhangenem Himmel und hoher Luftfeuchtigkeit) an der Küstenwüste Limas eine trübselige Atmosphäre. Angenehmste Reisezeit mit viel Sonne ist an der Küste der Sommer (Dez.–März); die Badesaison beginnt zu Weihnachten. Zu dieser Zeit werden die Andenregionen von schwerem Regen heimgesucht. Die Puna ist dann zumeist saftig grün, was bei aufreißender Wolkendecke sehr malerisch wirkt. Im Amazonas-Gebiet, wo die mittlere Temperatur das ganze Jahr hindurch zwischen 25 und 30 Grad Celsius liegt, bekommt man während der Regenzeit einen besseren Eindruck vom Dschungel. Durch den hohen Wasserstand werden dann jedoch Fußwanderungen erschwert.

| Cuzco | Temp. max. | Temp. min. | Regentage | Sonnenstd. |
|---|---|---|---|---|
| Januar | 19° | 7° | 19 | 5 |
| Februar | 19° | 6° | 15 | 4 |
| März | 20° | 6° | 13 | 6 |
| April | 21° | 4° | 9 | 7 |
| Mai | 22° | 2° | 2 | 8 |
| Juni | 21° | 1° | 1 | 8 |
| Juli | 22° | 0° | 1 | 8 |
| August | 22° | 2° | 2 | 8 |
| September | 21° | 4° | 5 | 7 |
| Oktober | 22° | 6° | 9 | 6 |
| November | 22° | 5° | 13 | 7 |
| Dezember | 21° | 6° | 16 | 5 |

Quelle: Seewetteramt Hamburg

| Lima | Temp. max. | Temp. min. | Wassertemp. | Regentage | Sonnenstd. |
|---|---|---|---|---|---|
| Januar | 27° | 19° | 19° | 1 | 6 |
| Februar | 27° | 20° | 20° | 1 | 7 |
| März | 26° | 20° | 21° | 1 | 7 |
| April | 24° | 18° | 19° | 1 | 7 |
| Mai | 22° | 17° | 18° | 1 | 4 |
| Juni | 20° | 16° | 17° | 1 | 2 |
| Juli | 19° | 15° | 16° | 1 | 1 |
| August | 19° | 14° | 16° | 2 | 1 |
| September | 19° | 14° | 17° | 1 | 1 |
| Oktober | 20° | 15° | 17° | 1 | 2 |
| November | 23° | 16° | 17° | 1 | 4 |
| Dezember | 25° | 18° | 18° | 1 | 5 |

## Küche

**Fleisch- und Fischgerichte:** Zu den ganz besonderen Spezialitäten gehören Anticuchos, Rinderherzstückchen, aufgespießt und mit Ají, dem mexikanischen scharfen Chili, gewürzt, oder Papas al la Huancaína, gekochte gelbe Kartoffeln, mit Mayonnaise überzogen und mit hartgekochten Eiern und Maiskolbenstückchen garniert. Wer gebratenes Schweinefleisch mag, gewürzt mit Knoblauch und Pfeffer, bestellt Lechón. Chicharrones sind etwas für jene, die gebratenes Schweinefleisch mit Kartoffeln und scharfer Sauce mögen. Dazu kann man Cancha, geröstete Maiskörner, oder Choclos con queso, Maiskolben mit Käse, bestellen. Steaks, in Peru Churrasco, Lomo oder Bistek genannt, sind meist dünn, oft sehr zäh und nicht unbedingt empfehlenswert. Cebiche de Corvina dagegen, ein Fischgericht, in Zitronen- und Apfelsinensaft viele Stunden eingelegt, ist recht schmackhaft. Da die Speisen oft mit Zwiebeln und Chili zubereitet werden, können sie sehr scharf sein. Dazu gibt es Süßkartoffeln.
Speziell in der Andenregion erhält man Cuy picante, pikantes Meerschwein-

chen, ähnlich beliebt wie bei uns Kaninchen. Eine Spezialität ist Pachamanca, eine Mischung aus Fleisch und Gemüse, die auf erhitzten Steinen in Erdlöchern gekocht wird. Vorwiegend im Amazonas-Urwald, aber auch in teuren Restaurants in Lima, serviert man über offenem Feuer oder Holzkohlengrill geröstetes Tapirfleisch, Sachavaca. Unter Picadillos de Paiche versteht man Amazonas-Fischgerichte mit Tomaten, Eiern, Zwiebeln, Knoblauch, Pfeffer und Kartoffeln.

Markt von Pisac: Farbige Souvenir-Teller aus Ton gehören zu den beliebten Reiseandenken

**Süßspeisen:** Eine süße Spezialität des Landes sind Picarrones, fritierte Kuchen, mit süßer Sahne gefüllt und mit Zucker bestreut.

**Getränke:** Der Favorit unter den alkoholischen Getränken ist Pisco Sour, ein Cocktail aus Traubenschnaps, geschlagenem Eiweiß, Zuckermelasse und Limonensaft mit einer Prise Zimt obenauf. Man sollte an der Bar auch einmal einen Algarrobina verlangen, aus dem braunen zähflüssigen Saft der Frucht des Johannisbrotbaumes mit Melasse, Brandy, Kakaolikör, Eigelb und Eis gemixt.

Bier (Cerveza) ist das beliebteste Getränk in Peru. Besonders für Höhenkranke zu empfehlen ist der Coca-Tee aus den Blättern des Cocastrauches (Mate de Coca), der nicht nur durstlöschend, sondern auch nervenberuhigend ist. Der Kaffee ist eigentlich ungenießbar, in guten Cafeterias gibt es aber manchmal Cappuccino. Die giftgelbe Inca-Cola schmeckt synthetisch, besser sind da (besonders an der Küste) die vielen Fruchtsäfte.

**Früchte:** Die Märkte sind Fundgruben für Obst und Gemüse. Beides sollte jedoch nur nach gründlicher Säuberung und in geschältem Zustand gegessen werden. Einige der tropischen Früchte, die auf den Mercados in Peru angeboten werden, sind in Deutschland weitgehend unbekannt.

Auf buschartigen, 4–5 m hohen Bäumen wächst die Tamarillo, eine Baumtomate. Das Fruchtfleisch ist von roter oder gelber Farbe und schmeckt süß-pikant mit feinbitterer Note. Die weichen Samenkörner können mitgegessen werden. Das Bitteraroma steckt vor allem in der Schale, die vor dem Genuß abgeschält werden kann.

Zu den Nachtschattengewächsen wie Tomate und Kartoffel zählt die Stachelbeere, die schon bei den Inkas beliebt war. Die in kleinen Lampions reifende Frucht besitzt ein erfrischendes ananasähnliches Aroma. Die kirschgroßen, saftigen Beeren lassen sich leicht aus der Lampionhülle herausnehmen.

Die ebenfalls etwa kirschgroßen, grüngelben Beeren der Physalis in der papierähnlichen Hülle schmecken säuerlich und sind sehr erfrischend. Ihr feines Aroma erinnert an Passionsfrüchte mit Stachelbeeren. Sie können roh gegessen werden und sind außerordentlich vitaminreich.

Die mindestens faustgroße Pepino ist erfrischend und besitzt eine dünne gelbe Haut, die lila und gelb gesprenkelt ist. Man schält die Frucht, die sehr saftig ist. Das gesamte Innere ist eßbar.

Die Maracuja oder Passionsfrucht ist gelb und oft schrumpelig. Der Geschmack ist sauer. Das geleeartige, mildsäuerliche Fruchtfleisch der Granadilla ähnelt der Maracuja. Man schneidet die Passionsfrucht quer durch und löffelt sie einschließlich der weichen Kerne aus. Granadillas besitzen ein intensives exotisches Aroma, das Obstsalaten und Mixdrinks einen besonderen Pfiff gibt.

Faustgroß, rot, orange, violett oder grün ist die ovale Tuna oder Kaktusfeige, deren feine Stacheln leicht in der Haut steckenbleiben. Man »köpft« sie an beiden Enden, dann wird die dickliche Außenschale abgewickelt. Mit weichen Stacheln besetzt ist die dunkelgrüne, länglich geformte Frucht der Guanábana oder Stachelannone, deren weißes, fast faseriges Fruchtfleisch leicht säuerlich und stark aromatisch schmeckt.

Die Pomarosa, auch Rosenapfel genannt, ißt man wie einen Apfel. Die Frucht ist rund und hat eine grünliche oder mattgelbe Farbe mit rosa Streifen. Wie eine grüne Riesenbohne sieht die Pacay aus, in deren Innerem schwarze Kerne aufgereiht sind, umgeben von weißem, süßem Fruchtfleisch, das aussieht wie Baumwolle. Man ißt nur das Fruchtfleisch, die Kerne werden ausgespuckt.

Apfel- oder birnenartig ist die gelblichgrüne Frucht der Guayaba. Unter der glatten oder leicht schrumpeligen Außenhaut befindet sich das weiße, hellgrüne oder zartrosa Fruchtfleisch von leicht sahniger Konsistenz. Die Frucht hat zahlreiche kleine, harte, kantige Samen.

Die Chirimoya ist eine der ältesten Früchte der Erde. Der Name ist indianischen Ursprungs und bedeutet soviel wie »Kalter Samen«. Die süßen, milden Früchte erinnern geschmacklich an Erdbeeren mit Schlagsahne oder Birne mit Mango. Chirimoyas werden etwa faustgroß, sind herzförmig und haben eine mattgrüne,

Überall, wo Touristen sind, gibt es Souvenirs

ledrig-weiche Schale. Man halbiert die Früchte der Länge nach, entfernt die kleinen schwarzen Kerne und kann nun das weißbläuliche Fruchtfleisch herauslöffeln.

## Literatur

Reiseführer: »South American Handbook«, in jährlich aktualisierter Fassung, Bath, Großbritannien. Oskar E. Busch, »Peru, Trekkingführer für Trekker und Bergsteiger«, München 1996, Bergverlag Rother. Kulturgeschichte des Inka-Staates: Eleonore von Oertzen, »Peru«, München 1996, C. H. Beck; »Gold und Macht der Inka«, Amsterdam 1993, Time-Life. Interpretation der Nazca-Scharrbilder: Erich von Däniken, »Zeichen für die Ewigkeit. Die Botschaft von Nazca«, Gütersloh 1997; Tony Morrisson, »Die großen Rätsel. Auf den Spuren alter Mysterien«, u. a. Die geheimnisvollen Linien von Nazca. Maria Reiches Lebenswerk, Wiese Verlag AG 1988.
Belletristik: Mario Vargas Llosa, »Das grüne Haus«, Frankfurt/Main 1976, Suhrkamp; ders., »Tod in den Anden«, Frankfurt/Main 1997, Suhrkamp; ders., »Maytas Geschichte«, Frankfurt/Main 1989, Suhrkamp; Gabriel García Márquez, »Der General in seinem Labyrinth«, München 1996, Goldmann.

## Maße, Gewichte

Generell gilt das metrische System, lediglich Benzin wird allgemein in Gallonen gerechnet (eine Gallone = 3,785 Liter).

## Post, Telefon

Briefmarken erhält man beim Postamt (Correo). Das Telefonnetz wurde Ende 1994 privatisiert. Telefonieren kann man im Büro von Telefónica del Perú (in Lima Compañia Peruana de Telefónos). Wichtige Sendungen sollte man nur per Einschreiben (Certificado) senden. Inlandsgespräche führt man am besten mit einer Telefonkarte, die man in den Telefonbüros und bei Straßenhändlern erhält. Auslandsgespräche, Ferngespräche und Faxe werden bei der privatisierten ENTEL aufgegeben bzw. geführt. Die Vorwahl für Deutschland ist 0049. Wer von Europa nach Peru telefoniert, wählt 0051, dann die Stadt ohne die erste Null (also z. B. für Lima die 1) und dann den Anschluß. Die Vorwahl von Deutschland nach Bolivien ist 00591.

Gelbes Käfer-Taxi in Trujillo: Taxen sind eine preisgünstige Alternative zum Mietwagen

## Rundreisen

Die meisten Reisen nach Peru sind Pauschalreisen. Auch für individuell Reisende ist es nicht verkehrt, sämtliche Buchungen (Hotels, Mietwagen, Bahnverbindungen, Nationalparks, z. B. Manú-Nationalpark) in Kooperation mit einem peruanischen Reisebüro (z. B. für Ayacucho Quinua-Tours, Jr. Asamblea 195, Tel. 0051-64/912254, Fax 912191; ansonsten Lima Tours, Belen 1040, Lima, Tel. 014/4245110, Fax 319878) oder einem deutschen Reiseveranstalter vorzunehmen. Besonders erfahren ist Inca Travel (Im Wiesgarten 11, 56357 Welterod, Tel. 06775/454, Fax 762) mit Reisen in alle Regionen des Landes. Das Unternehmen bietet zudem einen »Landesspezifischen Informationsdienst für Peru, Bolivien und Ecuador« (TID).
Für Trekking-Touren empfehlen sich Hauser Exkursionen (Marienstraße 17, 80331 München, Tel. 089/235006-0, Fax 2913714) und DAV Summit Club (Am Perlacher Forst 186, 81545 München, Tel. 089/64240-0, Fax 64240-100).
Ansonsten haben alle großen deutschen Reiseveranstalter Peru (oft auch in Verbindung mit dem Nachbarstaat Bolivien (La Paz) in ihrem Angebot.

## Souvenirs

In Fachgeschäften der Städte sowie auf den Märkten der Dörfer gibt es eine Fülle handwerklicher Erzeugnisse, die sich als Souvenirs eignen (siehe auch Seite 100/101). Die Gefäße alter Inkakulturen, die sogenannten Huacos, sind nicht nur teuer, ihre Ausfuhr ist auch strengstens verboten. Im Angebot sind daher fast nur noch Fälschungen. Man hat aber immer noch eine große Auswahl zwischen Keramiken, Lederarbeiten, prächtig geschnitzten Holzrahmen im Kolonialstil mit eingelegten Spiegelchen und aufgelegter Blattgold-Imitation aus Bronze, Blumen aus Federn exotischer Vögel sowie Musikkassetten mit peruanischer Folklore.
Besonders attraktiv sind Produkte aus Wolle, denn Alpakas liefern seidig weiche Wolle für Pullover, Jacken und Ponchos, die im kalten Hochland nützlich sein können und als Reiseandenken beliebt sind.
Bunte, handgewebte Tücher, gestrickte Mützen und Mantas (Schultertücher) sowie bunte Webarbeiten, Hausschuhe und Bettüberwürfe gehören zu den begehrten Einkaufsartikeln. Cuzco und der Titicacasee sind hierfür gute Einkaufsstätten. Auch in der Huaraz-Region gibt es reichlich Wollwaren.
Außer dem vielseitigen Angebot an Textilien gibt es auch Silber- und Goldschmuck mit alten Mustern und Motiven sowie Keramikarbeiten zu kaufen. In der Umgebung von Trujillo findet man besonders schönen Schmuck, meist mit Türkisen besetzt.

## Sprache

80 Prozent der Menschen in Peru sprechen das lateinamerikanische Spanisch. Die indianische Bevölkerung verständigt sich vor allem in den Andengebieten außerdem in Ketschua und Aymará. Englisch wird selten gesprochen, in der Regel in den großen internationalen Hotels.

Öffentliche Verkehrsmittel sind häufig überfüllt, selbst auf diesem Lastwagen ist kaum noch Platz

## Trinkgeld

Die Rechnungen der Hotels, Restaurants und Bars enthalten meist bereits das Bedienungs- und Trinkgeld (10 Prozent). Je nach Zufriedenheit rundet man auf. In kleineren Restaurants fehlt der Posten Servicio; man gibt dann im allgemeinen 10 Prozent des Rechnungsbetrages. Taxifahrer erhalten kein Trinkgeld, mit dem man in der Regel sparsam umgeht.

## Unterkunft

In Peru unterhält nur eine internationale Hotelgesellschaft ein erstrangiges Hotel: »Sheraton« in Lima. Es gibt jedoch zahlreiche private peruanische Hotels und Hostales mit guter Qualität. Der Unterschied liegt in der Anzahl der Zimmer (ein Hostal hat nicht mehr als 50 Gästezimmer), nicht aber in der Qualität. Die Häuser der staatlichen Hotelkette Empresa Nacional de Turismo (Entur Peru) sind mittlerweile fast alle wieder privatisiert worden.
In der Provinz und in kleinen Orten darf auf gastronomischem Gebiet nicht allzu viel erwartet werden. Wertgegenstände sollte man immer an der Rezeption in einen Safe geben. Für Individualreisende ist ein Buchungszentrum in Lima eingerichtet worden, wo man Zimmer für verschiedene Hotels reservieren kann (Tel. 01/2210826, Fax 4406197).

## Verkehrsmittel

**Bus:** Recht anstrengend und zeitraubend sind längere Fahrten mit dem Bus, die Verbindungen sind aber relativ gut, die Preise günstig. So kostet eine Fahrt von Lima nach Arequipa rund 25 DM. Abfahrt ist an den Busbahnhöfen (Terminal de buses/Terrestre). Leider sind die Straßen in den Anden in der Regel ungeteert, doch ist die Panamericana durchgehend asphaltiert. Zwischen vielen Städten verkehren auch Colectivos, Sammeltaxis, die auf Wunsch an beliebigen Orten halten.
**Eisenbahn:** Perus Eisenbahnen befinden sich in einem schlechten Zustand. Die Strecke Arequipa–Juliaca wird nur nachts befahren; hier kommt es nicht selten zu Diebstählen. Sehr schön sind die Fahrten mit der Bahn auf der Strecke Puno–Cuzco und natürlich Cuzco–Machu Picchu. Empfehlenswert ist die Reservierung einige Tage vor Abfahrt. Die Fahrt Cuzco–Puno kostet in der 1. Klasse umgerechnet ca. 18 DM, der Touristenzug von Cuzco nach Machu Picchu ca. 100 DM. Die »höchste Eisenbahn der Welt« von Lima nach Cerro de Pasco bzw. Huancayo verkehrt gegenwärtig nicht.
**Flugzeug:** Mit dem Flugzeug können die gewaltigen Strecken am schnellsten und bequemsten überwunden werden. Zudem sind Flugreisen innerhalb des Landes weitaus billiger als in Europa. Mehrere Gesellschaften haben Liniendienste zwischen den wichtigsten Orten eingerichtet. Ein Flug von Lima nach Arequipa oder von Arequipa nach Cuzco kostet umgerechnet um 130 DM.
**Mietwagen:** Nur wenige Gebiete eignen sich für die Fahrt mit dem Mietwagen, z. B. der Callajón de Huaylas. Die Tarife sind allerdings relativ hoch (ab 100 DM pro Tag), außerdem muß man eine Kreditkarte besitzen. Angesichts der niedrigen Taxipreise grundsätzlich nicht empfehlenswert. Mindestalter 25 Jahre, internationaler Führerschein erforderlich.
**Taxi:** Sie bilden angesichts der niedrigen Tarife eine gute Alternative zum Leihwagen. Die Tagessätze liegen zwischen 40 und 80 US-Dollar. Für eine einfache Fahrt im Stadtverkehr zahlt man zwischen 1 und 1,5 US-Dollar.

## Verzollung

Die Zollkontrollen werden bei normalen Gruppen- oder Einzelreisenden meist großzügig gehandhabt. Bei jüngeren Travellern wird vor allem nach Rauschgift gesucht, im übrigen nach archäologischen Gegenständen, deren Ausfuhr nicht erlaubt ist. Gegenstände des persönlichen Bedarfs dürfen zollfrei eingeführt werden, zudem 400 Zigaretten oder 50 Zigarren oder 250 Gramm Tabak und 3 l Spirituosen.

## Zeittafel

**1200 v. Chr.**
Die Chavín-Kultur kennt farbige Textilien, Keramik und Goldbearbeitung.

**850 v. Chr.**
In den peruanischen Anden, nahe Chavín de Huantar, entsteht während der Chavín-Kultur eine großartige Sakralarchitektur.

**700–500 v. Chr.**
Älteste Gräber von Paracas zeigen Kenntnisse der Mumifizierung, Schädelformation und den umfassenden Gebrauch von Textilien.

**500–100 v. Chr.**
Höhepunkt der Paracas-Kultur mit Trepanationen (Schädelöffnungen).

**100 v. Chr.**
Die Recuay-Kultur schafft mehrgeschossige Bauten; die Vicús-Kultur kennt die

Sacsayhuamán: Die Inkas mauerten ohne Mörtel

Gold-Silber-Legierung; in der Cajamarca-Kultur werden Steinhäuser errichtet. Die Menschen im Umkreis von Nazca formen überdimensionale Scharrbilder und entwickeln eine virtuose Webtechnik, sie erschaffen Keramiken mit kraftvollen Farben und Bewässerungskanäle; die Moche-Kultur baut Stufenpyramiden und Befestigungswerke.

**700**
Ausbreitung der Tiahuanaco-Kultur; die Huari-Kultur entwickelt (ab 800) mehrstöckige Häuser; in Pachacámac werden Verteidigungswerke errichtet.

**1050**
An der Küste von Peru entsteht das Königreich der Chimú mit Chan-Chan.

**1438**
Pachacutec Inka Yupanqui besteigt den Thron der Inkas, beginnt die Expansion, in deren Verlauf innerhalb von 125 Jahren Völker und Staaten unterworfen werden.

**1484**
Der Inkaherrscher Huayna Cápac führt ein Heer bis nach Chile, wird jedoch von den Mapuche zum Rückzug gezwungen.

**1527**
Huayna Cápac stirbt an einer Seuche. In Cuzco wird Huáscar sein Nachfolger, im Norden sein Halbbruder Atahualpa.

**1532**
Francisco Pizarro geht bei Tumbes an Land und nimmt den Inkaherrscher Atahualpa gefangen. Am 29. August wird Atahualpa hingerichtet.

**1533**
Die Spanier plündern Cuzco (Nov.).

**1536–1538**
Die Inkas unter Manco Cápac II. beginnen eine Revolte gegen die Spanier.

**1543**
Das Vizekönigreich »Nueva Castilla« mit der Hauptstadt Lima wird gegründet.

**1544**
Die Spanier ermorden Manco Cápac II.

**1571**
Die Spanier erobern die letzte Provinz der Inkas und richten Túpac Amaru, den Sohn von Manco Cápac II., 1572 hin.

**1650**
Ein schweres Erdbeben zerstört den größten Teil des von den Spaniern auf Inkamauern errichteten Cuzco.

**1668**
Die Spanier gründen Puno. Ein Erdbeben zerstört Arequipa.

**1781**
Hinrichtung von Túpac Amaru II. (José Gabriel Condorcanqui) nach einem Indianeraufstand.

Die Lehmreliefs in der Grabungsstätte von Tácume entstanden zwischen 1000 und 1300 n. Chr.

**1809**
Erste Unabhängigkeitsbewegungen in Südamerika unter Führung des Argentiniers José de San Martín und des Venezolaners Simón Bolívar.

**1826**
In Peru endet mit der letzten Niederlage der Spanier die Kolonialherrschaft.

**1879**
Zwischen Peru, Bolivien und Chile bricht der »Salpeterkrieg« (Pazifikkrieg) aus. Chile entscheidet 1883 den Krieg für sich; Spanien gewährt Peru auch formal die Unabhängigkeit.

**1929**
Friedensvertrag mit Chile. Peru muß seine beiden südlichsten Provinzen Arica und Tarapacá an Chile abtreten.

**1941**
Grenzkonflikt mit Ecuador im Amazonas-Gebiet; Peru bekommt 1942 den größten Teils des von Ecuador beanspruchten Gebiets zugesprochen.

**1945–1968**
Mehrfacher Wechsel zwischen Militärdiktatur und Demokratie.

**1970**
Ein Erdbeben im Tal des Río Santa führt zu einer Katastrophe. Es löst im Huascarán-Gebirge eine Kettenreaktion aus: Geröllmassen stürzen zu Tal in einen See, dessen Flutwellen u. a. Yungay zerstören.

**1980**
Die regierende Militärjunta verkündet allgemeine Wahlen. Es siegt der konservative Belaúnde Terry.

**1985**
Regierungsübernahme durch den Sozialisten Alán García Perez, schwere Wirtschaftskrise.

**28. Juli 1990**
Amtsantritt Alberto Kenyo Fujimoris.

**1992**
Verhaftung von Abimael Guzman, Führer der Guerilla-Organisation Sendero Luminoso (Leuchtender Pfad).

**1996/1997**
Besetzung der japanischen Botschaft durch eine Terrorgruppe der Túpac Amaru. Erschießung der Geiselnehmer und Befreiung der Geiseln.

Stand der Angaben: Juni 1998.

QUITO
GUAYAQUIL
CUENCA
IQUITOS
PUCALLPA
TRUJILLO
CHICLAYO
PIURA
SULLANA
PASTO
AMBATO
Riobamba
Ipiales
Ibarra
Tumaco
Esmeraldas
Manta
PORTO-VIEJO
Machala
Tumbes
LOJA
Jaén
CAJAMARCA
Chachapoyas
Moyobamba
Tarapoto
Requena
Nauta
Florencia
Mocoa
Leticia
Tabatinga
Benjamin Constant
Golfo de Guayaquil
Pampas de Sacramento
Cordillera Oriental
Cordillera del Cóndor
Cerros Campanquiz
Serra do Traíra
Mesas de Iguaché
Mesa de Yamdí
Desierto de Sechura
Reserva Nacional Pacaya-Samiria
Áreas Indígenas
do Vale do Javari
Serra do Capauari
Cruzeiro do Sul

Fernverkehrsstraße - Hauptstraße
Nebenstraße - Fahrweg, Piste
Straßennumerierung
Entfernung in Kilometer
Eisenbahn - Wichtiger internat. Flughafen - Flughafen
Internationale Grenze - Zeitzonengrenze - Nationalpark
Hauptstadt, besonders sehenswerter Ort
LIMA
Sehenswerter Ort - Sonstige Sehenswürdigkeit
PUNO
1:5.500.000
0 50 100 150 200km
COLOMBIA
VENE-ZUELA
ECUADOR
PERU
BRASIL
BOLIVIA
CHILE
PARAGUAY
ARGENTINA
PACIFIC OCEAN
Bogotá
Quito
Iquitos
Manaus
Porto Velho
Lima
La Paz
PACIFIC OCEAN
Nazca Ridge
LIMA
CALLAO
CHIMBOTE
Huacho
Barranca
Huaraz
Huanuco
Cerro de Pasco
Tarma
HUANCAYO
Huancavelica
Ayacucho
Chincha Alta
Pisco
ICA
Nazca
CUZCO
Machu Picchu
Abancay
Sicuani
AREQUIPA
JULIACA
PUNO
LA PAZ
TACNA
Arica
Mollendo
Moquegua
Ilo
RIO BRANCO
Puerto Maldonado
Parque Nacional Manú
Lago Titicaca
CORDILLERA DE LOS ANDES
MONTAÑA
Acre
-5h Greenwich Time
-4h Greenwich Time

## Register

Seitenzahlen die auf Infoseiten hinweisen, sind **fett** gedruckt. Die Koordinaten in Klammern beziehen sich auf die Karte Seite 112/113.



## Bereits erschienen



## In Vorbereitung



## Impressum


**Verlag:**
**HB Verlags- und Vertriebs-Gesellschaft mbH, Alsterufer 4, 20354 Hamburg, Postfach 30 06 60, 20347 Hamburg, Tel. 040/41 51-04, Telefax 040/41 51-32 31.**
**Geschäftsführer:**
**Kurt Bortz, Jonny Bülow, Dr. Joachim Dreyer**



**Redaktion und Produktion:**
Harksheider Verlagsgesellschaft mbH, Fabersweg 1, 22848 Norderstedt, Tel. 040/52 88 62-0, Telefax 040/5 23 40 56
**Redaktion:**
Ulrike Klugmann (verantwortlich)
Jörg Gensel

**Text:** Rainer Waterkamp, Bonn
**Fotografie:** Miquel González, Barcelona
**Grafische Gestaltung:**
Gerhard Keim, Frankfurt/Main
**Karten:**
Seite 112/113: © Falk Verlag AG München; *Kartografie:* GeoData Stuttgart
Seite 22, 60, 82 und 90: artic Karlsruhe und Duisburg



Erscheinungsweise: zweimonatlich

**HB-Bildatlas Special Fotoservice:**
Harksheider Verlagsgesellschaft mbH, Fabersweg 1, 22848 Norderstedt, Tel. 040/52 88 62-22, Telefax 040/5 23 40 56

**Vertrieb Zeitschriftenhandel:**
Partner Pressevertrieb GmbH, Postfach 810420, 70521 Stuttgart, Telefon 07 11/72 52-227, Telefax 07 11/72 52-310
**Vertrieb Abonnement und Einzelhefte:**
Zenit Pressevertrieb GmbH, Postfach 8106 40, 70523 Stuttgart, Telefon 07 11/72 52-198, Telefax 07 11/72 52-333
**Vertrieb Buchhandel:**
Mairs Geographischer Verlag, Marco-Polo-Zentrum, 73760 Ostfildern, Telefon 07 11/45 02-0, Telefax 07 11/45 02-340

**Anzeigenalleinverkauf:**
KV Kommunalverlag GmbH, Postfach 8105 65, 81905 München, Telefon 089/92 80 96-24, Telefax 089/92 80 96-20

**Reproduktionen:**
Otterbach Repro GmbH & Co., Rastatt
**Druck und buchbinderische Verarbeitung:**
Schnitzer Druck GmbH, Korb
Printed in Germany

ISBN 3-616-06451-1


Titel: Indiomädchen in Cuzco